Quem Ama, Educa!

Formando cidadãos éticos

IÇAMI TIBA

IÇAMI TIBA

Quem Ama, Educa!

Formando cidadãos éticos

INTEGRARE
EDITORA

Copyright © 2012 Içami Tiba
Copyright © 2012 Integrare Editora e Livraria Ltda.

Publisher
Maurício Machado

Supervisora editorial
Luciana M. Tiba

Assistente editorial
Deborah Mattos

Produção editorial e acompanhamento
Miró Editorial

Preparação de texto
Márcia Lígia Guidin

Revisão de provas
Eliel Silveira da Cunha
Carla Bitelli
Maria Aiko Nishijima

Revisão para esta versão
Ana Lotufo Valverde

Projeto gráfico de capa e miolo
Alberto Mateus

Diagramação
Crayon Editorial

Foto de quarta capa
André Luiz M. Tiba

Dados Internacionais de Catalogação na Publicação (CIP)
(Câmara Brasileira do Livro, SP, Brasil)

Tiba, Içami
  Quem ama educa! : formando cidadãos éticos / Içami
Tiba. -- São Paulo : Integrare Editora, 2012.

  Bibliografia.
  ISBN 978-85-99362-96-9 (Pocket)

  1. Crianças - Criação 2. Educação - Finalidades e objetivos
3. Educação de crianças 4. Família 5. Felicidade em crianças
6. Pais e filhos I. Título.

12-08223   CDD-649.1

Índices para catálogo sistemático:

1. Pais e filhos : Educação familiar 649.1

Todos os direitos reservados à INTEGRARE EDITORA E LIVRARIA LTDA.
Rua Tabapuã, 1123, 7o andar, conj. 71/74
CEP 04533-014 - São Paulo - SP - Brasil
Tel. (55) (11) 3562-8590
Visite nosso site: www.integrareeditora.com.br

 **FELICIDADE***

Os pais podem dar alegria e satisfação a um filho,
        mas não há como lhe dar felicidade.
Os pais podem aliviar sofrimentos enchendo-o de presentes,
        mas não há como lhe comprar felicidade.
Os pais podem ser muito bem-sucedidos e felizes,
        mas não há como lhe emprestar felicidade.

Mas os pais podem aos filhos
    Dar muito amor, carinho, respeito,
        Ensinar tolerância, solidariedade e cidadania,
            Exigir reciprocidade, disciplina e religiosidade,
            Reforçar a ética e a preservação da Terra.

Pois é de tudo isso que se compõe a autoestima.
É sobre a autoestima que repousa a alma,
E é nessa paz que reside a felicidade.

Içami Tiba

* A tradução deste ideograma é "Longa Vida" e "Felicidade"

GRATA APRESENTAÇÃO DE NATÉRCIA TIBA AOS LEITORES

Natércia introduziu preciosas colaborações sobre as quais eu não teria condições teórico-práticas-experienciais de escrever. Mesmo que a sua participação tenha sido pequena, o resultado compensa qualquer quantidade.

Nosso relacionamento é de mútuo respeito, admiração, carinho e reconhecimento de valores pessoais, familiares e profissionais.

Com excelente base escolar, Natércia graduou-se psicóloga e especializou-se em psicodrama sob os caprichados e competentes olhares de verdadeiros mestres, além de fazer profundas incursões teóricas em várias fontes e se lançar nos campos terapêuticos para ajudar seus pacientes (casais grávidos, crianças/adolescentes e respectivos pais) a superar barreiras, resolver conflitos, ampliar a vida para o mundo do qual fazemos parte e integrar-se com as pessoas que lhes são caras.

Como pessoa, participei ativamente do seu crescimento, com alegrias e satisfações, pois chateações praticamente não existiram. Parece-me incrível que aquela criancinha que nascera do meu amor pela mãe dela – até hoje, minha amada Maria Natércia – crescesse, amadurecesse, casasse com Maurício, genro maravilhoso, e nos desse dois supernetos, Eduardo e Ricardo, inteligentes, charmosos, amorosos, já tão seguros de si que desmontam qualquer avô, principalmente um babão como eu. Meus netos também me ensinaram muito.

Hoje, Natércia, especializada em Terapia Familiar, participa de entrevistas, programas de televisão, *chats* na internet, e recebo os cumprimentos dos meus amigos e conhecidos pela brilhante colega de trabalho que eu tenho – ela –, que lê muito, indica livros para eu ler, acrescenta sua visão ao meu trabalho e me atualiza sobre as novidades que está aprendendo.

À minha filha, Natércia, que me deu também um livro-neto, *Mulher sem Script*, de sua autoria, o qual tive o imenso prazer de prefaciar, a minha imensa e fluida gratidão, não só de pai e profissional, mas também de autor.

Içami Tiba

SUMÁRIO

Filhos são como navios... 17

PARTE 1 · EDUCAÇÃO: COMO VIVE A FAMÍLIA HOJE?

CAPÍTULO 1 A mulher-mãe de hoje 23
Mulher feminina. 23
    Mãe feminina 24
    Marido da feminina 25
    Filhos da feminina 27
Mulher-mãe *versus working-mother*. 28
    Mãe maternal. 29
    Marido da mulher-mãe 29
    Filhos da mulher maternal 30
Mulher polivalente. 31
    Mãe polivalente 31
    Marido da mulher polivalente 33
    Filhos da mulher polivalente 33
    Educação racional sempre 34

CAPÍTULO 2 Mãe & pai: duas faces da mesma moeda . . . 37
Por que "pais" no lugar de "mãe e pai"?. 37
Mulher é muito diferente de homem. 40
Evolução do papel de pai 44
O nascimento do casal 45
As armadilhas da culpa. 49

A mãe presente, o pai reticente. 53

CAPÍTULO 3 A educação do "sim" 59
Parafusos de geleia 62
O amor formando autoestima 64
Autoestima empreendedora 68

CAPÍTULO 4 Três estilos de agir 70
Comportamento estilo vegetal 70
Comportamento estilo animal 71
Comportamento estilo humano 74
Cuidado, mamãe! (e você também, papai!). 75
Cuidado, papai! (e você também, mamãe!). 76

CAPÍTULO 5 Ser feliz 78
Felicidade egoísta 78
Felicidade familiar 80
Felicidade comunitária 82
Felicidade social 83

CAPÍTULO 6 Gente gosta de gente 85
Infância: aprendendo com outros e com seus pares 87
    Aprendendo com os pares 88
Puberdade: buscando a identidade sexual 90
Adolescência: procurando a identidade social 92
Maturidade: educando os pequenos 93
Senescência: adolescência na velhice 95
Velhice: crepúsculo da vida. 96
Mais que gregário, social 97

PARTE 2 · CAMINHOS PARA UMA NOVA EDUCAÇÃO

CAPÍTULO 1 Unidos desde o princípio 103
O homem grávido 106
Pai integrado 109

CAPÍTULO 2 O primeiro ano 111
Amamentação: seus segredos. 111
A rotina das mamadas 114
Paz para a criança dormir 117
Onde o bebê deve dormir? 118
Onipotência infantil para não dormir. 121
Ritual do sono 123
    Sono do dia. 123
    Sono da noite. 124
Papai ajuda mamãe. 126
Hora da papinha 128
Tudo vai para o chão 129
O início da formação da autoestima 131

CAPÍTULO 3 Filhos não nascem com manual 133
Novas bases relacionais. 134
Filhos fazem *pit stop* 137
O desafio de educar 139
Tudo vai à boca. 141
Reis e rainhas mirins 141
Pais que deixam o filho ganhar o jogo 144
O prazer de estar limpinho... 145
...e com os dentes branquinhos! 147
Pais como elefantes em loja de cristais 149

CAPÍTULO 4 Situações críticas 151

A chegada de um irmão 152

Cada filho é único! 154

Um único filho 155

Crianças hiperativas 157

    Crianças-mal-educadas. 160

Intermináveis porquês 160

Lágrimas de crocodilo 162

Pega na mentira 163

Que bagunça!. 164

Quanta briga!. 165

Pequenas delinquências 167

Consequências no lugar de castigos 169

CAPÍTULO 5 Auxílio de terceiros 173

Babás: a importância de orientar bem 173

Televisão e videogames. 176

Creches 178

Avós: salvadores ou vilões? 179

Dia dos avós 181

A parte que cabe à escola. 183

A escola na educação infantil. 184

Pais & escola: bela parceria. 186

Qual é a melhor escola? 187

A arrumação da mochila escolar 189

Evitando a repetência escolar 190

Estudar é obrigação. 191

Lição de casa e autoestima 192

CAPÍTULO 6 Pais separados... 195

...que ainda vivem juntos 195

Separação dos pais 196
O fatídico almoço de domingo 198
Alimentando a autoestima familiar 199
Conversa com os filhos................... 201
Universo dos "ex"...................... 204
Separada e exuberante 207
Os filhos no fogo cruzado.................. 207
Pai folgado, mãe sufocada ou vice-versa 208
Meu filho, minha vida!................... 209

CAPÍTULO 7 Cidadania dentro da nova família 211
Diferentes relacionamentos familiares 212
Segundo casamento 214
Mãe sozinha educando os filhos 217
Pai sozinho educando os filhos 220
Argumentos cruéis 222
Filhos pelo DNA...................... 224

CAPÍTULO 8 Geração digital e o desafio de educá-la ... 228
Novas gerações que dominarão o mundo.......... 229
Geração *zap* 230
Geração internet...................... 232
Geração jogos eletrônicos 233
Geração *tween* 236
Educação sexual 237
Mesada........................... 240
Vale: desequilíbrio financeiro 243
Telefone celular 244
Videogames......................... 245
Videogames & violência 246
Sabendo usar não vai faltar................. 247

Desperdício do "não" 248
Selva de pedra 250
Prevenção contra as drogas já na infância 252
    Extrema liberdade 253
    Achar que o gostoso é sempre bom. 253
    Não ter de arcar com as consequências do que faz. . . 254
    Não ter obrigações a cumprir. 254
    Ser egoísta 255
    Cair nas ondas da moda 256
    Falta de ética 256

PARTE 3 · FORMANDO CIDADÃOS ÉTICOS

CAPÍTULO 1 Os filhos da geração asa-e-pescoço de frango 261
CAPÍTULO 2 Cidadania Familiar 264
Crianças guardando brinquedos 265
    A criança precisa aprender a se organizar para viver
    bem e ser feliz 267
Educação em rede 268
Quem não cuida perde!. 269
Instinto de vencedor 273
    O que aconteceu dentro dele? 274
Alimentando a birra do poder 276
Instinto de perdedor 279
    O que aconteceu dentro dele? 279
    Esperança? 281
Saber ganhar é saber perder 282

CAPÍTULO 3 Ética progressiva 285
Amor dadivoso 285
Amor que ensina 286

Amor que exige 288
Amor que troca 289
Amor que recebe 290

CAPÍTULO 4 Ciúme, veneno do ciumento contra si mesmo 292
CAPÍTULO 5 Profissão: estudante 293
CAPÍTULO 6 "Herdeiros-esperadores" 297
CAPÍTULO 7 Sucessores-empreendedores 299

Bibliografia 305
Glossário remissivo 307
Sobre Natércia Tiba 313
Sobre Içami Tiba 315

FILHOS SÃO COMO NAVIOS...

O porto pode ser a maior segurança para os navios, mas eles foram construídos para singrar os mares. Assim também são os pais, pois por mais cômodos que lhes seja, não criam os filhos para ficarem eternamente ancorados na família. Os pais têm toda uma infância e parte da adolescência até que seus filhos construam seus próprios navios.

A Mãe Natureza deu algumas estações da vida para todos os humanos: crianças (que vivem no navio dos pais); adolescentes (possuem pequenas embarcações que usam o navio como porto); adultos-jovens (*jet skis* em busca de parceiros para navegarem juntos); adultos (comandam navios com passageiros); senescentes (consultores dos navios); idosos (passageiros do navio do filho).

Como podem as crianças comandarem um navio? Isso é o que acontece com os pais que mesmo amando muito seus filhos não os educam. Educar é formar valores que devem pertencer ao humano, não importa a idade. Os valores básicos são: gratidão, disciplina, religiosidade, ética e cidadania. Educar também é desenvolver competências profissionais: estudo, aprender sempre, independência financeira com base na autonomia comportamental, habilidade e conhecimento profissional.

As crianças querem fazer tudo conforme suas vontades, querem mandar no navio. Os adultos, por não quererem traumatizar ou frustrar as crianças, não as ensinam a desenvolver competências próprias da sua idade e submetem-se aos seus caprichos. O navio familiar fica desgovernado.

Os adolescentes já querem independência mesmo usando barquinhos que se abastecem do navio. Suas voltas não suportam tempestades, calmarias longas, falta de água, choques com outros barquinhos e, não raro, têm de ser içados de volta ao navio pelo cordão umbilical.

Adultos-jovens não têm autonomia comportamental nem independência financeira para tanto, mas vivem querendo comandar seus *jet skis* como se fossem navios. Muita teoria e pouca experiência de vida. Preferem a segurança do navio dos pais, mas arriscam-se em manobras radicais com seus *jet skis* e não raro carregam outro adulto-jovem na garupa. Acreditam serem adultos, e acontece: têm filhos. Serão cuidados pelos avós...

Há adultos comandando navios como se comanda *jet skis* ou querendo ser passageiro no seu próprio navio. Alguns até querem tanto levar outros passageiros na garupa que nem se dão conta das próprias crianças e dos adolescentes. Muitas vezes devolvem o comando do navio aos seus pais, que estão prontinhos para curtir o resto da viagem descendo às praias com seus chinelos, óculos, bonés e aperitivos...

Alguns senescentes têm de reassumir os comandos que já sonhavam passar aos outros, por exemplo, cuidando de netos infantes em finais de semana e esperando que filhos crescidos voltem para o navio, e assim podem dormir o merecido sono da noite... Faz tempo que não dormem pelas preocupações com o seu futuro, que já é hoje, mas que não chega nunca aos seus descendentes...

Idosos que reinventam trabalhos e, no lugar da sua poltrona de televisão, em casa, sentam-se em assentos profissionais em guaritas, auto-motores e balcões, diuturnamente e quando já não há outra alternativa, são levados em suas cadeiras para tomar sol, e lá são esquecidos por aqueles que eles tanto cuidaram... Em vez de uma morte digna, acabam estorricados esquecidos ao sol ou tiritando de frio nas madrugadas a dentro...

... enfim, a Mãe Natureza deve estar muito frustrada com os humanos pelas insatisfações criadas por eles mesmos.

Como ninguém sente falta daquilo que não conhece, está mais do que na hora de prepararmos melhor nossos filhos e netos. Só o amor não é mais suficiente, pois é preciso educar os filhos para que comandem seus próprios navios.

Por isso mesmo escrevi para você este livro, que ajuda na educação de seus filhos e netos, pois:

QUEM AMA, EDUCA!

PARTE 1

EDUCAÇÃO: COMO VIVE A FAMÍLIA HOJE?

CAPÍTULO 1
A mulher-mãe de hoje

MULHER FEMININA

Ela nasceu com as conquistas do feminismo, do aprendizado com as dondocas, e hoje tem independência econômica, autonomia de comportamento e é suficientemente resolvida para admitir que gosta dos homens, mesmo não dependendo deles. Significa que ela não se submete ao machismo. Pode e procura ser admirada pela beleza, sem se achar fútil. Larga um companheiro se não o ama e não se perde quando está sem alguém. Ou seja, admite que ama o homem, mas sobrevive sem ele.

Machismo é um papo que já era. Ela é a líder da sua própria vida. Filha e neta da mulher feminista e da mulher dondoca, tem segurança e autossuficiência sem precedentes, enfrentando tudo com elevado grau de competitividade, tanto na vida acadêmica quanto na profissional, sem perder a vaidade para se produzir, investindo em saúde sem temor de ser tachada de fútil. Sua liderança, ambição e visão, em todas as direções, são também alimentadas pelos hormônios femininos com um pequenino e fisiológico grau de hormônio masculino, não suficiente para "provocar guerras", mas sim para reagir veementemente contra injustiças e ataques de terceiros. Isto é, a mulher está adquirindo as características do macho-alfa sem o despotismo e a violência testosterônica. A mulher de hoje seria a alfa-evoluída, pois chamá-la simplesmente de mulher-alfa seria colocar nela as características do macho-alfa.

Entretanto uma questão básica é a tomada de decisão entre investir na carreira profissional ou na maternidade. Umas querem se realizar na profissão antes de ser mãe – e a ciência está ajudando a maternidade tardia. Outras querem lançar-se profissionalmente após os filhos crescerem – e a ciência tem ajudado as mães a não serem matronas.

MÃE FEMININA

É na maternidade que a mãe feminina se perde. Parece que o instinto materno é mais forte que ela mesma. Por um filho, ela faz o que não faria por ninguém, nem por ela mesma. Talvez um recém-nascido precisasse de uma mãe assim mesmo. Mas ela erra quando, por amor, passa a poupá-lo de esforços necessários para o crescimento dele próprio e faz o que ele mesmo deveria fazer. Assim o filho não constrói uma autoestima saudável. Quanto mais o filho se desenvolver, melhor será para ele mesmo, seus pais, sua família, para a sociedade e para o planeta Terra.

A mãe, mesmo sendo feminina, perdoa e não cobra a consequência das ações de um filho pequeno, autorizando-o a fazer o que tem vontade e não o que deve ser feito. Não é amor demasiado. É falta de conhecimento dos atuais padrões elementares de uma boa educação, da formação de um cidadão. Perdoar é para castigos. Hoje os castigos não educam. O que educa são as consequências – transformar erros em aprendizados através de ações diretamente relacionadas aos erros.

O principal "veneno" da educação dos filhos é a culpa. Culpa de trabalhar fora, quando pensa que deveria estar com os filhos. Culpa de estar com os filhos, quando acha que deveria estar trabalhando. Essa mulher ainda se responsabiliza pelo que o filho faz na sua ausência com a clássica pergunta "onde foi que errei?".

Mesmo a mulher tendo evoluído bastante nas últimas décadas, como mãe ela evoluiu muito pouco. Em certos aspectos ela continua como a jurássica mãe a defender os filhos contra as onças, ferozes devoradoras de criancinhas suculentas. Mas essa lentidão se deve também ao papel de pai, que continua muito primitivo quando é simplesmente um provedor.

Como trabalham fora e ficaram mais independentes (financeira e afetivamente) do homem, algumas mulheres exageraram em suas "produções independentes". Criam seus filhos dispensando a presença do pai – que serviu somente para fecundá-las.

Há outros filhos que ficam sem pai, pois este virou "ex-pai", foi embora, e é a mãe quem os cria sozinha e não abre mão de tê-los consigo. Um dos maiores acertos educacionais é a mãe não pretender ser "pãe" – mãe querendo suprir também o papel do pai que está ausente. Um filho cresce mais saudável com mãe no lugar de mãe, mesmo sabendo, às vezes, que o pai virou ex-pai. Esta verdade dói, mas em tempo certo o filho poderá saber que seu pai não assumiu a família.

MARIDO DA FEMININA

O homem tem se esforçado e vem se adequando aos poucos para poder se dar bem com a mulher (esposa, namorada, amante, companheira). Mas são mudanças periféricas que ainda não atingem suas características fundamentais. Basta descuidar um pouco que logo lhe brotam as características machistas jurássicas. Basta também se interessar por outra mulher, e lá vai ele procurar se adequar para tornar-se atraente para ela. Aliás, essa tentativa de adequação põe abaixo o homem que quer se impor somente pelo "seu jeito de ser".

Alguns homens evoluíram bastante e já receberam um batismo: metrossexual (homem da metrópole), o homem que cuida do seu corpo, da sua aparência, de suas roupas, usa cosméticos e faz depilações e cirurgias plásticas para se embelezar, sem que tudo isso fira sua masculinidade. Respeita a existência e os pontos de vista da mulher, ajudando-a no que lhe é possível, desde ir para a cozinha até reuniões escolares dos filhos, passa a trocar fraldas e fica acordado à noite sem se sentir afeminado. Em geral é bom pai e procura ajudar bastante sua esposa a cuidar das crianças, mesmo que não sejam seus próprios filhos.

Outros homens não evoluíram tanto assim, a ponto de serem metrossexuais, mas estão dando tímidos passos para distanciar-se do clássico machismo. Pois a mulher feminina aceita mais o homem como ele é, desde que não seja machista, agressivo, desrespeitoso, mal-educado; nem tanto trabalhador, nem tanto explorador – prefere que ele seja sincero, carinhoso, afetivo, sensível, forte o suficiente para mostrar suas fraquezas e que decida com ela o futuro dos filhos, os projetos de vida, onde passar as férias, que carro comprar, onde morar.

A mãe feminina quer dividir com o seu marido a educação dos filhos, as contas a pagar, "discutir a relação". Já não aceita mais ser submetida ao homem pelo simples fato de ele ser provedor. Essa mãe tirou o pesado fardo imposto ao marido pela mulher dondoca.

FILHOS DA FEMININA

Assim como a mulher feminina quer "discutir a relação com o companheiro", sem ser autoritária nem dondoca como suas antecessoras, a mãe feminina quer fazer o mesmo também com os seus filhos. Talvez aqui esteja a maior complicação na qual ela se meteu, pois os filhos saíram realmente às avessas do que ela pretendia.

Criancinhas não podem ter a mesma força que seus educadores. Porém, as mães femininas não quiseram impor nem o que era necessário: limites, respeito, obediência e dever, dando autoridade através de permissividade às vontades dos filhos. Ou seja, as crianças começaram a exigir que as mães satisfizessem suas vontades, adequadas ou não. Para tanto, usavam qualquer argumento, valendo-se até das próprias incongruências de suas mães. Alguns pais também começaram a agir como mães femininas e, com isso, perderam também sua autoridade inerente ao papel de educador. O exemplo clássico dessa situação é quando uma criança se nega a fazer o seu dever, e sua mãe – no lugar de estabelecer que vontades têm limites e que dever se esclarece e não se discute – passa a "discutir a relação". A melhor maneira de perder a autoridade de educador é perguntar ao filho se ele quer ou não cumprir o seu dever.

Acredito que não esteja longe o dia em que essa mulher será também mais natural como mãe. Pois, como feminina, a mulher está "progredindo" a passos gigantescos.

Se até 1975, de cada 100 mulheres, 25 trabalhavam, em 2002 já eram 50, tendo aumentado, portanto, 100%. Também passaram a ganhar mais. Em comparação com o que era pago para o homem, pagavam somente 55% do salário dele para as mulheres em 1981. A partir de 2002, dados do IBGE mostram que ela passou a receber 70%. A diferença salarial continua diminuindo, e o número de mulheres trabalhando fora continua aumentando[1].

MULHER-MÃE *VERSUS WORKING-MOTHER*

MULHER-MÃE É A ATUALIZADA, que, mesmo tendo condições e capacitação para o trabalho, opta por se dedicar ao papel de mãe *full time*, em detrimento de sua carreira profissional, numa época em que controla cada vez mais o dinheiro da casa: 50% delas têm cartões de crédito e representam 44% da população economicamente ativa, segundo a Organização Internacional do Trabalho. Aliás, segundo estudo do Fórum Econômico Mundial realizado em 2006, quanto maior a participação da mulher na vida econômica, mesmo sem

---

1 Ao longo deste livro vou abordar diferentes tipos de educação que diferentes mães usam, conforme suas próprias possibilidades e conhecimentos. Se existem filhos folgados é porque os pais deixaram-se sufocar. Se existem filhos birrentos é porque os pais, talvez sem perceber, reforçam a birra. Nada existe por si só. A família é uma rede de relacionamentos na qual o que um faz reflete diretamente no outro e indiretamente sacode um terceiro enquanto reprime um quarto integrante. De uma certa maneira, todos estão ligados entre si.

trabalhar fora, mais desenvolvido é o país. Insisto nisso para mostrar o quanto está difícil para a mulher escolher não ser uma *working-mother* nos dias de hoje, quando 51% das trabalhadoras são também mães.

MÃE MATERNAL
Tenho observado que não é o tempo de permanência da mãe com o filho que o educa, mas é o seu preparo como educadora que conta. Sem dúvida, a presença da mãe é muito importante na formação do filho. Porém, observo muitas crianças e adolescentes que têm suas mães à disposição e são mal-educados. A educação hoje é um projeto racional, mesmo que regado a muito amor: mesmo porque é preciso muito amor para não desistir de educar.

MARIDO DA MULHER-MÃE
Já não pode mais ser um marido machista, apesar de ser ainda o provedor absoluto. Mas não é porque ele trabalha que é dono do salário. Seus ganhos vão para a família e ele não pode gastar dinheiro como desejar, pois a esposa opina sobre as compras, geralmente tem carta de habilitação e dirige o segundo carro da família, com o qual "chofera" os filhos para a escola e outras atividades. Esse tipo de marido já reconhece a sua importância na educação dos filhos e vai também às reuniões escolares ou leva as crianças aos aniversários dos seus coleguinhas. É um homem que demonstra mais afeto, não tem vergonha de soltar suas lágrimas de emoção, gosta de ser pai, mesmo que tenha de trocar fraldas e não dormir enquanto seu filho

não chegar das baladas. Prefere dialogar com a mãe dos seus filhos sobre a educação e o futuro destes a discutir a própria relação conjugal.

FILHOS DA MULHER MATERNAL

Infelizmente a maioria desses filhos está sendo criada sob paradigmas antigos, portanto essas crianças ainda não têm, interiorizadas, preocupações éticas nem atitudes cidadãs.

Por outro lado, algumas mães que conseguiram mudar estes paradigmas têm criado filhos mais felizes, responsáveis e respeitosos. Visível diferença de educação revelam essas crianças quando as vemos nas escolas ou em outras atividades: não são tão tiranas e respeitam regras – sem perderem a alegria de viver nem as peraltices naturais a qualquer criança.

Suas mães, conscientes ou não, aplicam o princípio *Quem Ama, Educa!*, que torna o mundo melhor e mais feliz, alimentando-nos de esperança de um futuro melhor. Ocorre que esses filhos, que "já nascem" com um celular na mão e um computador no bolso, estão num mundo totalmente diferente do de seus irmãos dez anos mais velhos. Falar uma segunda língua já lhes é natural – muitos estão em escolas bilíngues –, como também lhes é natural ir à escola com 2 anos.

Mais do que aprender estudando, essas crianças querem aprender fazendo: por isso, os manuais para lidar com seus brinquedos simplesmente são ignorados, como dissemos, e eles constroem seus conhecimentos através de acertos e erros.

Ressalto nesses casos a importância de os pais estabelecerem claramente o que é certo e errado, antes de começarem a complicar e relativizar situações com a famosa frase "Depende...".

As crianças de hoje não têm medo de arriscar. São capazes de escolher um DVD, colocar no aparelho, ligá-lo e fazer passar na tela o seu capítulo preferido. Tudo isso com 2 ou 3 anos, executando uma tarefa que seus avós, ou alguns dos seus pais, temem até de longe ter de executar...

MULHER POLIVALENTE

Mulher polivalente é a mulher contemporânea, que é dona do seu nariz, estudada, competente, dirige o seu próprio carro, cuida-se na aparência e na saúde, toca negócio próprio, liberal ou corporativo, mora ou não sozinha, conforme sua escolha, consegue divertir-se com ou sem companhia masculina, sozinha ou com amigas, ou sozinha no meio de ambientes masculinos e, ainda, se dá bem com a própria família.

MÃE POLIVALENTE

Todas as mães sentem muito a responsabilidade da maternidade. Umas, mesmo com pesar, necessitam colocar o trabalho como prioridade. A mãe polivalente consegue ser mulher-mãe nas horas em que está com os filhos (e os educa) e *working-mother* quando está no trabalho, mas com uma grande diferença. Leva trabalho para casa e leva os filhos para o trabalho. É esta sua estratégia: para não ficar tanto tempo distante dos filhos, leva para casa algumas tarefas do trabalho e, durante o trabalho, dá um jeito de falar com os pequenos pelo telefone e com os maiores pela internet ou por torpedos do celular. Estas mães mais parecem irmãs mais velhas, não as antigas matronas, e não abrem mão da sua vida própria ou com o marido. São as típicas mães cheia de mãos, a mulher-polvo[2]. Conheço uma mãe que, enquanto almoça um sanduíche, faz as unhas na manicure, fala com os filhos no telefone viva-voz e ainda folheia uma revista, protegendo o esmalte.

⋮

Apesar de a mãe polivalente ser uma evolução das demais, ela está ainda longe de se sentir bem e satisfeita consigo e com a vida que leva. É interessada, informada e extremamente crítica. Mas muitas vezes ainda se sente culpada por não estar mais presente na vida dos filhos, e também culpada como profissional, pois dificilmente está 100% focada e concentrada em seu trabalho. Por isso, costuma ter uma alta expectativa de apoio e colaboração do marido, nem sempre correspondida por ele.

A mãe polivalente vive um desafio diário, como uma malabarista que precisa manter vários pratos no ar o tempo todo sem que nenhum caia no chão. Ela está cansada, mas ainda não está pronta para passar tarefas para outras pessoas. Ao mesmo tempo em que quer essa colaboração, e cria toda uma estrutura para manter a rotina e o bom andamento familiar, não abre mão do controle que precisa ter de tudo – desde

---

2 Para saber mais sobre este tema, ler *Homem Cobra, Mulher Polvo*, de Içami Tiba. São Paulo: Integrare, 2010 (N.E.).

o conhecimento do que está em cada prateleira da despensa até a roupa que cada filho está usando durante o dia, se lanchou e quantas horas assistiu de televisão. Mesmo sabendo que esse é o preço que paga pela opção de ser uma mãe polivalente, aceita o desafio e procura viver cada dia da melhor maneira possível.

MARIDO DA MULHER POLIVALENTE

Geralmente é também um homem polivalente (mais que outros homens, mas menos que as mulheres). É cuidadoso com as crianças, troca fraldas, dá banho, substitui a mãe quando ela não pode ir às reuniões escolares, leva as crianças ao médico etc. Procura manter o romantismo conjugal, junta com a mulher as economias e a vida financeira é planejada também com ela. Não abre mão de ter o seu carro, pratica seu esporte ou frequenta academias regularmente.

Em geral, orgulha-se do companheiro que é e demonstra admiração pela esposa, mas não raro apresenta certas recaídas patriarcais. É como se precisasse de "dias de folga" desse papel que exerce e que exige dele um grande esforço. Talvez não seja tão grande assim, mas, por ser um comportamento social novo, para o qual ele não teve modelos, exige dele um esforço afetivo de descobrir-se enquanto pai, marido e "dono de casa". Não raro, esse marido comenta que "seu maior descanso é quando está no trabalho".

FILHOS DA MULHER POLIVALENTE

São poucos, geralmente dois, há muitos filhos únicos; raramente essas mulheres têm três filhos. Como seus pais, também são bastante ocupados, vão para a escola com 2 ou 3 anos de idade e têm muitas outras atividades no decorrer do dia. Ficam muito pouco nas ruas, mas correm soltos nos *shoppings* e lojas de brinquedos, apertam os botões e clicam tudo o que veem: perguntam, são espertos, questionam ordens e argumentam suas posições. Geralmente vão bem na escola e aceitam bem as ausências ou alternâncias entre pai e mãe nos cuidados das suas atividades e brincadeiras. São, enfim, bastante autônomos, e o segundo filho, quando há, quer acompanhar tudo o que o primeiro faz e tem um grande estímulo para se desenvolver mais rapidamente.

⋮

EDUCAÇÃO RACIONAL SEMPRE

Qualquer que seja a família, o projeto racional de educação é de formar um cidadão ético. Já não basta mais ser cidadão, precisa ser ético. E educar, como se sustenta ao longo deste livro, não é simplesmente fazer o que já se sabe, mas atualizar, quebrando VELHOS MODELOS equivocados, dos quais cito alguns:

- Fazer pelo filho o que ele próprio pode fazer sozinho.
- Deixar de cobrar obrigações que ele tem que cumprir.
- Engolir contrariedades, respostas mal-educadas, desrespeito aos outros.
- Permitir que o filho imponha suas inadequadas vontades a todos.
- Concordar com tudo o que o filho faz e fala só para não contrariá-lo.

- Acreditar que "o filho não mente" ou "ele nem sabe o que faz".
- Deixar gastar o dinheiro do lanche em figurinhas.
- Assumir as responsabilidades sobre o que o filho faz.
- Repetir muitas vezes a mesma ordem.
- Dar "tapas ou surras pedagógicas".
- Ser conivente com suas delinquências.
- Aceitar notas baixas, tarefas feitas de qualquer jeito e outros relaxos.
- Terceirizar a educação dos filhos.
- Ignorar o lixo que o filho jogou no chão etc.

Aproveito para contrapor aos equívocos da tradição, acima expostos, alguns dos *novos paradigmas* da educação que serão colocados ao longo deste livro com mais detalhes, mas valem, desde já, para os pais ficarem atentos a tais ações e condutas.

Novos paradigmas exigem:

- Praticar o Atendimento integral: parar, ouvir, ver, pensar e agir.
- Respeitar os filhos como seres pensantes, sensíveis, criativos, alegres, brincalhões e essencialmente bons.
- Ser pai e mãe coerentes, constantes e consequentes nos seus comportamentos e ensinamentos aos filhos.
- Que a família tenha um funcionamento horizontal (plano), isto é, todos têm direitos e obrigações conforme seus níveis de desenvolvimento físico e mental.
- Entender que a família é um time no qual cada um joga na posição mais adequada para melhor desempenho da equipe.

- Compreender que não há ninguém superior nem inferior a ninguém, mas há os mais e os menos desenvolvidos em determinadas áreas.
- Fazer valer o princípio da Cidadania Familiar:

  - Ninguém pode fazer em casa o que não poderá fazer na sociedade.
  - Todos têm que praticar já em casa o que terão que fazer na sociedade.
  - Cuidar da Terra como se fosse a própria casa etc.

Os pais têm de ser coerentes entre si e não permitir que os filhos façam em casa o que não poderão fazer na sociedade; ao contrário, devem exigir que já façam em casa o que terão de fazer fora dela. Têm que ser constantes, isto é, uma vez dito um *não*, este *não* deve ser mantido, não ser transformado em *sim*. Pois quem quebra a disciplina dos filhos geralmente são os pais que não aguentam manter um *não* diante da pressão dos filhos. Castigos não educam.

O que educa são as consequências, a transformação do erro em aprendizado. Por exemplo, um castigo antigo, que se tornou obsoleto, é querer prender o filho no quarto dele. Como um filho vai aprender que deve guardar o brinquedo depois de brincar ficando de castigo no quarto? Melhor os pais avisarem à criança que vão doar o brinquedo que ela não guardar de volta – porque quem não cuida do que tem vai perdê-lo. É o princípio das consequências: pais têm que ser coerentes entre si, constantes nas suas falas e consequentes nas suas ações para educarem os seus filhos.

CAPÍTULO 2

Mãe & pai: duas faces da mesma moeda

POR QUE "PAIS" NO LUGAR DE "MÃE E PAI"?

Não é justo nos referirmos ao casal como "pais", porque a mãe então desaparece. Quando a escola convoca os pais, quem mais atende são as mães, e quando as mães são chamadas quase nenhum pai comparece à reunião. Na maioria das vezes, os filhos ainda são responsabilidade da mulher, mesmo que ela trabalhe fora e sua participação no orçamento familiar seja importante. A última palavra na família já não é mais a do pai, como vimos, mas também a da mãe.

A mulher saiu para o mercado de trabalho sem deixar de ser mãe. Nem por isso todos os homens se tornaram "mais" pais. Só recentemente alguns começaram a participar mais da educação dos filhos, como já vimos no capítulo anterior. Tenho até notado que a presença de pais em minhas palestras triplicou nos últimos cinco anos.

Por outro lado, a maioria dos livros de educação continua a frisar demais a importância da figura materna, perpetuando a indevida sobrecarga da mãe e aliviando a do pai.

Pois eu dirijo este livro a mães e pais. Pai não é melhor que mãe nem vice-versa. São apenas diferentes. E essas diferenças ampliam as possibilidades educativas, trazendo retornos relacionais mais ricos. Quanto maiores forem as diferenças, mais distintos serão os comportamentos dos filhos em relação ao pai e à mãe para a mesma situação.

São diferenças que se complementam, já que, sem um homem, a mulher não pode ser mãe. O homem, sem uma mulher, não conseguirá ser pai. Assim, a criança é fruto da associação do homem com a mulher. Ou da mulher com o homem? Não se trata de discutir quem é o mais importante, porque os dois são essencialmente necessários para se ter um filho.

A herança genética está nos cromossomos. Mas desde o nascimento a criança absorve o modo de viver, o "como somos" da família. Assim, ela aprende naturalmente com as pessoas que a cercam. E no futuro transmitirá tal aprendizado a seus filhos, perpetuando comportamentos através das gerações subsequentes.

Flashes capturados do cotidiano das famílias nos mostram que o mundo mudou, mas nem tanto assim:

⋮

Voo das 6 horas da manhã para São Paulo

Eu voltava de uma palestra quando comecei a observar um garotinho de 3 anos do outro lado do corredor. A mãe estava próxima dele e carregava outra criança de colo. O menino mexia nos botões acima de sua cabeça, punha os pés no assento, não parava quieto. De repente, ele me descobriu e ficou olhando para mim. Comecei a fazer mímicas com as sobrancelhas. Mexia ora a direita, ora a esquerda. Tentando me imitar, ele passou a fazer caretas. Ao perceber que seu filho me olhava, a mãe o puxou e o fez sentar. Era como se dissesse claramente: "Não dê bola para estranhos". Segundos depois, o garoto já estava de pé no assento outra vez, mexendo de novo em todos os botões.

Um homem de terno e gravata que estava sentado no banco de trás, estudando relatórios, disse então, em voz forte, que mais parecia um grunhido: "Fica quieto, menino, senão o bicho vem te comer". Até eu, do outro lado do corredor, tomei um susto. Em seguida, a mãe do menino disse: "Fica quieto, menino, você ouviu o que seu pai falou". Eu também fiquei quieto e imaginei que, na realidade, o bicho era o próprio pai.

Final de festa junina

*E*nquanto eu comia um churrasquinho, fiquei observando a mulher com três crianças, uma no colo, um menino maiorzinho, de uns 6 anos, encostado a ela, e um que parecia ter 13 anos, ao lado, inquieto, chutando o chão. Ela carregava uma sacolinha. Os quatro estavam parados, esperando alguém. Mudei de campo visual. E o que observei? Um homem bem-apessoado conversava animadamente com outro. Vestia-se elegantemente com trajes esportivos. Ele estava a uns cinco metros da mulher e das crianças. O outro homem se despediu. Então, o primeiro virou-se para a mulher e disse em voz alta: "Vamos embora!". E foi andando em direção à saída.

Para minha surpresa, a mulher seguiu atrás dele, carregando a sacolinha e a criança no colo, o menino pendurado na saia e o púbere mal-humorado caminhando a seu lado. Pareceu-me, por um momento, estar diante do quadro Retirantes (1944), *de Portinari.*

⋮

Fico conjeturando, maquinando, filosofando sobre esses acontecimentos flagrados no dia a dia das famílias. As pessoas poderiam observar como outras pessoas funcionam quando estão com seus filhos nas festas, praças de alimentação de *shopping centers*, parques, igrejas. Elas poderiam aprender muito e, com isso, interferir na própria família para melhorar a qualidade de vida dela.

MULHER É MUITO DIFERENTE DE HOMEM

Existem diferenças enormes e fundamentais entre ser mulher e homem, muito maiores do que simplesmente ser pai e mãe. A maioria dos comportamentos sociais que distinguem o homem da mulher não foi inventada. Existem bases biopsicossocioantropológicas distintas dentro de uma mesma espécie. O ser humano é que socializou, educou e sofisticou seus instintos animais de sobrevivência e perpetuação da espécie.

Assim como os demais mamíferos, o humano masculino é fisicamente mais forte, porém menos elástico que o feminino. Quem engravida é o feminino, com essencial ajuda masculina. Contudo, somente o feminino amamenta os filhotes.

Essas e outras distinções decorrem de diferenças anatômicas, sobretudo da maior ou menor presença e ação de hormônios sexuais: estrogênio e progesterona nas mulheres, testosterona nos homens. A seguir, apresento algumas das diferenças comportamentais masculino-femininas que preexistem a aquelas entre pai e mãe:

- A mulher fala o que pensa ou vai pensando enquanto fala. Seguramente, ela consegue pensar, escutar e falar ao mesmo tempo. O homem, por sua vez, não fala enquanto pensa ou geralmente só fala depois que pensou. Uma ação de cada vez. Portanto, pensar, falar e escutar ao mesmo tempo para o homem, nem pensar...
- Ao jantar em um restaurante, a mulher repara nos talheres, na toalha de mesa, nos enfeites, nas unhas do garçom, no ambiente, nas pessoas, nas roupas e joias "daquela mulher", na decoração, na estética e no sabor da comida, sempre preocupada com o teor calórico da sobremesa. O homem repara no barulho, na demora para servir, no tamanho das porções, na educação do garçom e, fatalmente, no preço pago.
- Numa refeição em casa, se o filho não quer comer, "que não coma", pensa o pai. A mãe logo se dispõe a encher o estômago da criança de qualquer jeito: "Quer que eu prepare aquele sanduíche que você adora?".
- Quando o filho apanha de um colega, o pai se irrita e briga com ele, quando não chega a agredi-lo, para que

aprenda a se defender na rua. A mãe também fica furiosa e quer dar uns tapas... mas em quem agrediu seu filhinho.

- Um pai termina uma discórdia com o filho estabelecendo regras, enquanto a mãe quer convencer o filho de como ele está errado e acaba "discutindo a relação" com ele.
- A mãe tem um *checklist* mental[3] para cuidar de um filho muito mais complexo que o do pai. Para confirmar se o filho usou drogas, ela olha nos seus olhos; sente o cheiro; repara se tudo está normal, roupas, atitudes, tom de voz e comportamento com ela; pergunta onde, quando, com quem, como, que horas esteve onde disse, e o que fez lá durante todo o tempo, e se fixa para criar outro *checklist* mental se algum campo não for preenchido como ela espera. O *checklist* mental do pai é bem mais sintético e baseado em respostas verbais que o filho dá. Se um filho diz que não usou drogas é suficiente para o pai sossegar. O filho não iria mentir para ele. Mas quando a mãe perde a confiança, não há filho que aguente o cerco que ela estabelece. Isso causa até briga entre o casal. O pai acha que a mãe faz drama com tudo, e a mãe costuma achar que o pai é omisso.

---

[3] O que chamo de *checklist* mental é uma lista de observações com campos a ser preenchidos mentalmente para se tomar uma atitude. Cada pessoa tem um *checklist* mental próprio. Se um aluno quer colar na prova, ele checa primeiro vários itens: o professor está atento? Olhando para que direção? Sentado na sua mesa? Andando entre os alunos? Tenho como disfarçar que eu esteja colando? Se todos os itens forem favoráveis, ele passa a colar.

**Pai perde filhos em *shoppings*, praias, festas juninas.
Mãe não desgruda os olhos de seus pimpolhos.**

Um estudo realizado por T. Canli e equipe na Universidade de Stanford (Califórnia, EUA) revelou que as mulheres memorizam de forma diferente eventos de forte conteúdo emocional. Existe uma diferença química inata na utilização dos circuitos neuronais por homens e mulheres. Elas usam mais o hemisfério esquerdo do cérebro, que é muito bem equipado para memorizar e acessar as imagens emocionais, enquanto eles utilizam os dois hemisférios, não tão especializados quanto os delas. Por isso, eles acabam tendo uma clara dificuldade de lembrar o que para elas é inesquecível.

Sob o título "Homens tentam superar desvantagem emocional", a *Folha de S.Paulo* publicou, em 17 de janeiro de 2002, matéria do jornalista Sérgio Vilas-Boas muito comentada na época, que trazia a seguinte chamada: "A perda de identidade provocada pela condição atual da mulher leva o homem a uma crise que pode ser proveitosa para ambos". Ou seja, a crise de masculinidade, antes restrita à intimidade de cada homem, tornou-se pública nos últimos dez anos. Dezenas de estudos assinados por antropólogos, sociólogos e psiquiatras chamaram a atenção para a condição de inferioridade do sexo masculino.

EVOLUÇÃO DO PAPEL DE PAI

O MACHISMO, QUE SE APOIAVA na subserviência da mulher, cada vez mais cai por terra à medida que a mulher vai se integrando à globalização e à "mulherização".

Nos Estados Unidos, de 1950 para cá, a empregabilidade do homem caiu de 70% para 52%, e a da mulher subiu de 30% para 48%. Não há como o homem não aceitar a superior capacitação das mulheres, porque elas estudam mais anos, têm mais diplomas e mais títulos de mestrado e doutorado. O número de mulheres chefes de família aumentou oito vezes entre 1995 e 2005, estando 28% dos lares brasileiros providos por elas.

Tudo isso sacode o homem ainda preso ao papel de provedor. Ou ele evolui para o novo mundo, ou sucumbirá, pois as mulheres mais confiantes em si e mais autossuficientes dispensam homens que não "combinam com elas".

A maioria das mulheres não precisa casar nem depender de ninguém. Elas estão dispostas a viver independentemente dos homens, como mostram 72% dos divórcios não consensuais que são pedidos pelas mulheres. Hoje podemos encontrar homens que foram "largados" pelas suas ex-mulheres.

O pai de hoje, quando se separa, já luta pela guarda compartilhada, não mais se transforma num mero ex-pai como há 20 anos. E os rapazes de hoje, desde meninos, convivem com mãe, irmãs e colegas em casa, por isso aceitarão com mais facilidade cuidar das tarefas domésticas e dos filhos.

Como se vê, as mudanças comportamentais no homem foram resultantes da evolução da mulher, que o arrancou do cômodo machismo.

O NASCIMENTO DO CASAL

HISTORICAMENTE, A MULHER É MÃE há muito mais tempo do que o homem é pai. Na pré-história, ela cuidava instintivamente dos filhos como qualquer animal, até que a criança crescesse e se tornasse mais independente.

Quem se incumbia das tarefas mais difíceis, que exigiam força física, eram os homens da família, os irmãos da mãe ou os filhos homens. Vivia-se um esquema familiar matriarcal (célula-mater), sem conhecimento da existência do pai.

Mais voltado ao nomadismo, o homem desconhecia o sentido da paternidade. Ele só surgiu há cerca de 12 mil anos, quando a mulher descobriu a agricultura, e os seres humanos fixaram-se mais na terra.

Antes, a gravidez era considerada um presente dos deuses. E os homens continuaram em movimento, saindo às vezes para caçar, lutar nas guerras, conquistar territórios. Construíam castelos para defender a amada e eventualmente filhos que ficavam com ela.

O homem conquista e defende um território, mas quem o transforma em lar é a mulher.

Desse modo, é até natural que a mulher seja muito mais apta que o homem para cuidar das crianças.

Se o homem tivesse sido o encarregado de olhar as crianças, como a mulher sempre foi, talvez hoje muitos pais não perdessem seus filhos pelo caminho, nos *shoppings*, nas praias, nos parques infantis... Ou seja, seriam mais experientes.

O mundo mudou. Existem casais experimentando novos arranjos familiares. Mas a velha divisão de papéis insiste em se manter: o pai continua mais trabalhando que educando seus filhos, como já comentamos, e a mãe começou também a trabalhar, porém continua com a responsabilidade de educar os filhos.

Para o homem, a casa é o "repouso do guerreiro". Para a mulher que trabalha fora, é seu segundo emprego, até mais desgastante que o primeiro, porque lhe sobra pouco tempo para levar adiante todas as tarefas: ver se os filhos não estão machucados ou doentes, se fizeram o dever da escola, se a casa está arrumada, se não falta nada na despensa e como preparar o jantar para receber o guerreiro cansado.

A mãe se sobrecarrega, e o pai continua folgado. Entretanto, ela não precisaria ser 100% mãe. Poderia ser só 50% se os outros 50% fossem complementados pelo pai, que assumiria seu lugar na educação – já que a mãe trabalha fora e traz fundamental ajuda econômica para o lar.

O homem ainda tem muito a desenvolver no papel de pai. A mulher, porém, começa a avançar em seu papel de mãe já durante a gravidez: acompanha o desenvolvimento do bebê, sente seus movimentos, observa suas mudanças corporais etc. Cada vez mais, a mãe vai conhecendo o bebê e construindo um vínculo com ele.

Enquanto isso, o pai observa tudo de fora, confuso, sem saber como participar mais ativamente dessa construção.

O desenvolvimento do papel de pai também deveria começar durante a gravidez. A participação de alguns homens na gravidez limita-se aos cuidados com a grávida. Quase não se vê o "homem grávido" comprando roupinhas ou brinquedinhos para o bebê que ainda não nasceu. Participar da montagem do quartinho? Poucos o fazem, pois a maioria ainda pensa: "isso é coisa de mulher!".

O pai grávido se preocupa mais com as despesas do recém-nascido do que em aprender como trocar fraldas, preparar uma mamadeira ou dar um banho no bebê. Porém, como qualquer ser humano, ele é capaz de mudar, mesmo que ainda lhe falte consciência da necessidade de mudança e empenho.

⋮

Conheci uma vez uma moça que estava revoltada com o noivo. Enquanto ela se preocupava em montar a casa, o futuro "ninho" do casal, ele queria comprar uma moto. Ela dizia que não era uma necessidade; além do mais, como carregar depois um bebê na moto? A noiva pensava no casal, nos filhos. O noivo, ainda preso ao primitivo nomadismo masculino, pensava somente em si, em seus passeios e aventuras.

Hoje, esse casal já está separado, numa iniciativa tomada por ela. Não tiveram filhos.

⋮

> **O pai é mais ligado à companheira que aos filhos; e a mãe, muito mais ligada aos filhos que ao companheiro.**

Imagine que mãe e pai de um recém-nascido estejam namorando na cama, e a mãe escuta o bebê gemer. De imediato, ela afasta o marido e corre para ver a criança, que em geral já voltou a seu sono normal; ou seja, o papel da mãe avassala o da esposa. O homem, que nem sequer tinha ouvido a criança, sente-se prejudicado em seu desempenho conjugal. E reclama que a mulher só dá atenção ao filho e não o leva em consideração.

Tais diferenças se manifestam de maneira muito nítida quando um casal se separa. Ele fica com os bens materiais, entenda-se: o dinheiro. Ela fica com os bens afetivos, entenda-se: os filhos.

Sabemos que a mulher mantém com mais eficiência a estrutura familiar que o homem. Portanto, uma família sem mãe sofre muito mais o risco de desagregação que uma família sem pai. O homem separado praticamente abandona a família. Vira um nômade atrás de novas companheiras. Porém, se o homem gostar de outra mulher que tenha filhos, ele poderá cuidar das crianças da nova companheira até melhor do que cuidava dos próprios filhos – que ficaram com a ex-mulher.

Não é raro hoje o pai obter a guarda dos filhos. Nesse caso, muitas vezes, quem realmente ajuda no dia a dia é a mãe dele, a avó, ou então o pai contrata uma mulher para se encarregar das crianças. Ao revés, é raríssimo a mãe contratar um homem para cuidar dos filhos dela.

AS ARMADILHAS DA CULPA

A LIGAÇÃO DA MÃE COM O FILHO é tão forte que supera a razão, parece até um "instinto" materno.

Tal instinto é tão poderoso que escraviza a mãe. É graças a esse instinto que os bebês acabam sobrevivendo. Isso é ótimo. Mas a mãe nunca mais larga esse "instinto", mesmo que os filhos já não mais precisem dela. Assim ela incomoda todos: ela mesma, que é atacada de um hiper-responsabilismo sobre o filho que a consome, mas do qual não consegue se livrar; o filho, que quer experimentar os primeiros passos fisiológicos da independência; e o pai, que não mais suporta ouvir os dois.

Mesmo que ela esteja trabalhando com as duas mãos, ainda consegue dar conta de olhar, ouvir e responder aos filhos, enquanto acompanha o que está acontecendo na TV. Mulher-polvo[4], todos os tentáculos trabalhando ao mesmo tempo, independentemente, sem se emaranhar nem se atrapalhar. Pobre do homem que consegue fazer somente uma coisa de cada vez. Se alguém o chama, pronto, já se desconcentra do que estava fazendo: um polvo de um só tentáculo, isto é: ele é um homem-cobra.

---

4 Para saber mais, ler *Homem Cobra, Mulher Polvo*, de Içami Tiba. São Paulo: Integrare, 2010 (N.E.).

Dentre as muitas espécies de mãe que existem, podemos destacar dois *tipos extremos*:

- **Superprotetoras:** acham que tudo que o filho faz é maravilhoso; ele é a melhor criança do mundo. Os errados são os outros, a escola, o mundo. Elas desenvolverão filhos instáveis e inseguros.
- **Cobradoras:** só reparam no que o filho faz de errado. "Para os outros brigarem com você, é porque deve ter aprontado alguma, como sempre", diz tal mãe. Ela não aguenta ser criticada pelo que o filho faz. Estas desenvolverão filhos obsessivos e tímidos.

⋮

As crianças precisam ser protegidas e cobradas de acordo com suas necessidades e capacidades, protegidas nas situações das quais não conseguem se defender, e cobradas naquilo que estão aptas a fazer.

Quando a mãe abre mão da razão em defesa do filho, essa atitude pode provocar muitos desarranjos no relacionamento. A criança se aproveita. Sente-se liberada para cometer graves delitos, porque, depois, é só agradar um pouco a mãe, nada acontece.

Todo delinquente doméstico só vai em frente porque é um sedutor e encontra o terreno livre. O medo de traumatizar a criança às vezes é tão grande que os pais acabam deformando-lhe a mente por falta de uma ação corretiva, responsabilizadora.

Há crianças que batem na mãe, porque antes já a xingaram. E só xingaram depois de desobedecer.

Quanto mais a criança for educada, a partir de seus primeiros passos, maior será a eficiência da educação. Portanto, a mãe não deveria permitir desobediência nunca.

Para isso, o maior segredo é a mãe obedecer a seus próprios "nãos". Significa que só deve proibir algo cuja negação ela *realmente* possa sustentar, sem logo transformá-lo em concessão ao menor motivo. A obediência fica garantida pelo respeito que a mãe exige do filho. Defender-se dos maus-tratos, inclusive vindos da criança, é um gesto tremendamente educativo, além de ser ético e próprio de um verdadeiro cidadão.

Se o filho tem baixo desempenho escolar, a mãe passa a noite em claro, achando que a culpa é sua. E tudo pode piorar se o marido lhe disser: "Ah, mas onde você estava que não viu que ele não estudou?". Se o filho jovem se envolve com drogas, é comum o marido cobrar a mulher, que também acaba se cobrando: "Onde foi que errei? Quem sabe se eu não estivesse trabalhando fora isso não teria acontecido...".

Já atendi pais em conflito por causa de um filho que era apenas mal-educado. Com a desculpa de que ele poderia ser hiperativo, a mãe o deixava fazer tudo, enquanto o pai queria colocar-lhe os limites necessários.

A mulher precisa tomar muito cuidado para não transformar seu amor de mãe numa doação que atropela o filho em vez de educá-lo.

Para essas mães, pouco adianta o médico tentar explicar que o problema é muito mais abrangente, e que ela está com tripla jornada de trabalho: como profissional, como rainha do lar e como mãe. Em geral, a *working-mother* assume a culpa sozinha. E é então que o pai ficará livre para fazer críticas.

A grande armadilha da culpa origina-se exatamente em não abrir mão dessa tripla jornada, assumindo responsabilidades que extrapolam a capacidade de ação da mulher. É querer ser onipotente. A maior parte das mulheres deveria aprender a colocar limites em suas próprias ações e a capacitar os diversos componentes da família para a realização de tarefas que não cabem obrigatoriamente só a ela.

Repito: não é o fato de trabalhar fora que prejudica a mulher, a criança e a família. Mas a postura de culpa que ela assume quando volta ao lar. Não é saudável a mãe mal entrar em casa e já correr a atender todo mundo sem se dar direito a um descanso.

A *working-mother* deve exercer outro tipo de papel como mãe e administrar a casa de modo diferente. Ela não deveria se portar em casa como se fosse aquela outra mãe em tempo integral. Ela se tornou uma mulher globalizada, mas ainda não é polivalente.

Por sua vez, a mulher polivalente e integrada faz com que o ambiente doméstico seja diferente, com filhos mais independentes e cooperativos, que ajudam no andamento da casa e da rotina familiar. Nessas famílias, temos a Cidadania Familiar em ação, cada qual com seus direitos e obrigações.

Enquanto ela está fora, a responsabilidade de manter a casa em ordem cabe aos filhos que lá ficaram. Em vez de arregaçar as mangas e arrumar a bagunça, a mulher integrada exige que os filhos arrumem tudo e que da próxima vez a casa esteja em ordem quando ela chegar.

Cidadania Familiar: os filhos devem praticar em casa o que terão que fazer na sociedade.

A MÃE PRESENTE, O PAI RETICENTE

Mentalmente, a mãe visualiza seu filho criança durante todo o passeio de acordo com o roteiro que traçou. Em geral, crianças pequenas gostam de contar suas experiências para os pais. E a mãe aproveita bastante. Quanto mais o filho fala, mais noção ela vai tendo das perguntas que deve fazer. A mãe quer ter uma visão global. É uma maneira de se sentir presente, de cuidar do filho, mesmo não tendo participado das atividades dele.

Caso tenha alguma desconfiança, se achar que o filho pode mentir, conduz o interrogatório de forma a esclarecer sua suspeita. Não faz perguntas diretamente relacionadas com a suposta mentira, mas vai juntando as respostas até concluir se ele está mentindo ou não. Ela está usando o *checklist* mental[5], e só "vira a página" quando todos os campos estiverem devidamente preenchidos.

Por que o filho acha a mãe uma chata nesses casos? Na verdade, quem acha a mãe uma chata é o filho homem, porque os garotos têm mais vontade de agir do que de falar. Não gostam de ficar falando sobre os amigos, ao contrário das meninas, que adoram! O pai, para o filho, é mais legal, porque com ele não precisa falar muito – já que o pai acha esse tipo de conversa com o filho muito superficial, pouco prática e nada objetiva. E isso permite que o pai seja manobrado: é mais fácil enganar com duas ou três respostas do que com um questionário inteiro.

O que favorece – mas não justifica – esse tipo de comportamento paterno são algumas características ou mitos machistas: o pai não gosta de ficar fazendo perguntas assim como não gosta de responder a perguntas que não julga essenciais; o pai tem de ser forte, saber de tudo, não expressar sentimentos nem procurar saber dos sentimentos do filho, não demonstrar fraquezas e sensibilidades, não chorar, não compartilhar preocupações; e deve procurar resolver tudo sozinho, ensinar mais do que aprender, ditar e impor regras mais que compô-las. Por isso, o pai torna-se agressivo quando contrariado e fala a sério... pois senso de humor pode ser confundido com leviandade.

---

5 Ver nota 3, na p. 42 (N.E.).

> **Dificilmente um homem "machão" consegue educar bem seu filho, que precisa muito da meiguice da mãe.**

O trabalho ocupa um espaço enorme na vida do pai. Quando é interrompido, pela aposentadoria ou por um afastamento compulsório, o pai sente que morre, sua autoestima cai e ele entra em depressão. Parece-lhe que, se não trabalhar, vai perder a identidade. Não se valoriza, mesmo que sua mulher lhe dê valor. Por sua vez, há mulheres que também se sentem atrapalhadas e muito ameaçadas pela presença masculina em casa. Assim, em vez de ajudarem o homem naquilo que ele precisa, acabam minando a autoestima masculina: "Homem em casa só atrapalha; vai para a rua, vê se acha alguma coisa para fazer!". Mulheres desempregadas geralmente acham muitas tarefas a fazer.

Há homens que ajudam em casa quando estão desempregados. Porém, quando arrumam outro emprego, voltam a encarar o lar como o lugar do repouso. Por essa razão, não é de estranhar que deixem sempre a educação por conta da mulher.

Educar dá trabalho, pois é preciso ouvir o filho antes de formar um julgamento; prestar atenção a seus pedidos de socorro (nem sempre claros) para ajudá-lo a tempo; identificar com o próprio filho onde ele falhou, para que possa aprender com o erro; ensiná-lo a assumir as consequências em lugar de simplesmente castigá-lo, por mais fácil que isso seja; não resolver pelo filho um problema que este seja capaz de solucionar: não se devem ressarcir prejuízos criados pelo filho nem pedir nota para ele a seus professores.

Ocorre que muitos pais machos foram filhos de pais também machos. Se pais machos soubessem educar, seus filhos também saberiam educar, e não teríamos hoje essa geração de jovens bem-criados porém tão mal-educados.

A grande vantagem do ser humano sobre os animais é a possibilidade de modificar seu comportamento, criando soluções para o que o prejudica ou não lhe satisfaz.

> **Um pai integrado tem de superar o machismo e ser uma pessoa verdadeiramente interessada em educar o filho.**

O interesse e o empenho em educar o filho devem ir além da informação. É preciso que o conhecimento sobre educação, desenvolvimento, drogas, sexualidade e relacionamentos integrais saia dos livros e entre na rotina familiar. E, em geral, não é fácil levar a teoria para a prática. A maior dificuldade surge quando conflitos internos dos pais interferem nas ações educativas, e isso não depende da idade dos filhos.

⋮

> *Teresa me procurou por não aguentar mais as agressões que recebia do filho de 7 anos toda vez que ela o contrariava. Desde pequeno, Zezinho conseguia tudo o que queria usando e abusando da birra. Teresa sabia que estava errando cada vez que cedia à birra, mas não conseguia impor-lhe os limites necessários. Ela não suportava vê-lo sofrendo. Em sua terapia, Teresa percebeu quanto sua mãe tinha sido repressiva, e ela havia jurado a si mesma que nunca reprimiria ninguém, muito menos seus filhos. Teresa não se lembrou mais desse juramento, mas ele ficou bem arquivado no espírito. Quando precisava impor os limites adequados, o juramento entrava em ação, sem passar por sua consciência, e interferia na resposta. Este é um caso em que o conflito interno da mãe prejudica a educação do filho.*

A omissão dos pais, que permite à criança fazer tudo o que deseja, ou a explosão diante de qualquer deslize do filho, além de não educar, distorcem a personalidade infantil, tornando a criança folgada (sem limites) ou sufocada (entupida, reprimida, tímida). No futuro, ela poderá se revoltar quando for contrariada, ou tiver força suficiente para se rebelar contra o opressor. Portanto, é importante que os pais busquem ajuda quando não conseguem fazer o que tem de ser feito.

A boa educação não se deve pautar pelos conflitos ou problemas que os pais tiveram em sua infância, mas pelas necessidades de cada filho. Mesmo que o casal tenha três filhos, cada um deve ser tratado como se fosse *único*, pois, embora os três tenham a mesma carga genética, o que prevalece é a individualidade.

⋮

A gravidez é uma ótima oportunidade de trabalhar as questões educativas, pois é um momento de transformação. A mulher e o homem se reestruturam para ser mãe e pai, o próprio casal se reestrutura para a inclusão de um filho. É o relacionamento amadurecendo para a triangulação.

Os resultados imediatos da boa educação podem vir como flores: bonitos, exuberantes e agradáveis a todos. Mas os verdadeiros e duradouros resultados são aqueles que pertencem à formação da personalidade. O que garante uma boa educação são seus frutos, comportamentos duradouros que valem para qualquer situação, dentro ou fora de casa.

O que faz flores evoluírem para frutos são os princípios da coerência, constância e consequência. Educar é uma obra-prima, uma obra realmente artesanal, cujo resultado é a futura felicidade dos filhos e de todos à sua volta.

Atualmente os pais não podem se queixar de falta de informações, pois elas estão em todos os lugares, jornais, programas de televisão, internet, revistas. Basta que os pais coloquem a educação como prioridade e fiquem atentos a tudo.

CAPÍTULO 3
A educação do "sim"

Agora, vamos dar uma olhada nos filhos. Não nos pequenos, que ainda não andam pelas ruas, mas nos maiores, que já querem caminhar com as próprias pernas num mundo que de repente ficou pequeno.

⋮

Marcelo, 15 anos

*U*m dia decidiu que ia para um vilarejo com 5 mil habitantes no centro dos Estados Unidos fazer intercâmbio. Descobriu o lugar com um amigo virtual que conheceu num chat da internet. A cidade não oferecia nada. Pai e mãe ficaram desconfiados de que alguma coisa estava errada. O rapaz tinha pouquíssimos amigos e não saía de casa para visitar ninguém. Até que encontraram no quarto do garoto uma carta com a foto do amigo. Uma carta de amor visivelmente homossexual.

Os pais resolveram impedir a viagem. E a homossexualidade do amigo era o que menos pesava para os pais na decisão. A maior preocupação da família era soltar um garoto, filho único, sem um mínimo de experiência de vida, muito menos sexual, sozinho, numa cidade interiorana de um país distante e na casa de uma pessoa desconhecida cuja *única referência era ser homossexual. O rapaz culpou os dois por não deixá-lo realizar seus planos e disse que morreria, ou seja, usou contra os pais o argumento mais forte que encontrou: sua morte. Ocorre que, anos antes, o garoto quase havia morrido num acidente de carro. Sua sobrevivência fora considerada um presente divino, e nunca mais os pais lhe tinham dito um "não". Na ocasião, a mãe parou de trabalhar para cuidar dele. O rapaz era a sua vida. E o pai, muito envolvido com o trabalho, nunca impôs limites. Felizmente um trabalho de consultoria familiar ajudou-os a resolver o conflito. Os pais conseguiram manter a proibição, e o rapaz não viajou... nem morreu.*

⋮

Bernardo, 19 anos

Numa viagem à praia, conheceu uma garota europeia e tiveram um namorico. Apaixonado, e pela primeira vez sentindo-se correspondido, ele resolveu abandonar a faculdade e largar tudo para ir com ela para a Europa. A família achou que era uma loucura e sugeriu que o filho adiasse a viagem para as férias. Ele reclamou: "Vocês atrapalham minha vida. Não posso fazer nada que eu quero". Só que ele, supermimado, sempre fez o que quis. Foi superprotegido pela mãe e pelos avós maternos, que o criaram. O pai era incoerente e inconstante, incapacitado, portanto, para educar.

Tudo o que dependia da família Bernardo conseguia. Menos namoradas e amigos verdadeiros, que dependiam exclusivamente dele.

Bernardo tinha um carro importado e gostava de correr pela Marginal Pinheiros a 200 quilômetros por hora. Disse que ia se matar. A ameaça apavorou toda a família. Por outro lado, como deixar um filho ir para a Europa atrás de uma garota mais velha e experiente, que ele mal conhecia, acostumada a viajar pelo mundo sozinha? Já no Brasil, o interesse dela por ele diminuíra, lembrando em tudo um flerte passageiro de férias num país distante.

Através da consultoria familiar e de uma subsequente terapia individual intensiva, sob um clima de crise, todos firmaram o seguinte contrato: ele iria para a Europa nas férias, caso o relacionamento entre os dois ainda justificasse a viagem. Após dois telefonemas, o relacionamento acabou, assim como começou: uma chuva de verão!

︙

Marcelo e Bernardo são dois exemplos de adolescentes bem-criados, porém não bem-educados. Apesar de terem tido tudo na infância, não desenvolveram autoestima suficiente para estabelecerem relacionamentos que dependessem exclusivamente deles.

Esses rapazes receberam tudo de graça. O simples fato de existirem era motivo suficiente para os pais atenderem a seus mínimos desejos. Assim, sem conhecerem o significado do "não", partiram para o mundo. E o mundo é a realidade onde convivem, simultaneamente, o "sim" e o "não". Eles acreditavam que o mundo seria como era a vida com seus pais, que jamais lhes disseram "não".

PARAFUSOS DE GELEIA

Figuras paternas frágeis e mães hipersolícitas transformam os filhos em parafusos de geleia.

SE LEVAM UM APERTÃO, ESPANAM. Não aguentam ser contrariados. Não foram educados para suportar o "não". O parafuso de geleia é comumente encontrado nesta sequência: avós autoritários, pais permissivos (= antiautoritarismo), netos sem limites (parafusos de geleia).

Quando foram pais, os avós mostraram-se muito autoritários, tendo sido mais "adestradores" de crianças que educadores. Bastava o pai olhar, o filho tinha de obedecer; do contrário, os pais abusavam da paciência curta, da voz grossa e da mão pesada. Não tinham conhecimento da adolescência. Adolescente com vontade própria era sinônimo de desobediência. Não reconheciam a possibilidade de o filho pensar diferente: "Eu sei o que é bom para o meu filho e ele tem que aceitar". "Filho não tem vontade, não tem querer." Eram onipotentes e abusavam da lei animal do mais forte. Eram os machos-alfa[6].

Os filhos desses pais se revoltaram contra o autoritarismo. Sofreram tanto com tal método de educação que quiseram dispensá-lo ao se tornarem pais. Então trataram de negá-lo, fazendo radicalmente o contrário. Foi assim que se tornaram extremamente permissivos.

A permissividade é a outra face do autoritarismo, regada a ocasionais crises autoritárias. Não consiste num novo caminho educativo. O pai permissivo deixa, deixa, até um ponto em que não aguenta mais e dá um grito: "Agora, chega!". De repente, manifesta um comportamento que não condiz em nada com a permissividade. E aí está a perda de referência educativa.

Os filhos desses pais – portanto, os netos dos avós autoritários – tornam-se onipotentes, mas com pés de barro: para eles tudo pode, mas não suportam nenhuma frustração. Sentem-se fortes, mas são parafusos de geleia.

O "sim" só tem valor para quem conhece o "não".

Mas a geração parafusos de geleia desconhece o "não". Tudo é permitido. E a permissividade não gera um estado de poder ou de competência. Os parafusos

---

6 Macho-alfa é o macho dominante em um grupo de animais: é o mais forte, que impõe a sua vontade, come a melhor parte da presa antes dos outros, tem as melhores fêmeas. Mantém o seu poder enquanto for o mais forte, mas será imediatamente deposto e expulso do grupo se for vencido por outro macho, que então toma o seu lugar.

de geleia têm baixa autoestima porque foram regidos pela educação do prazer. Muitos pais acham que dar boa educação é deixar o filho fazer o que quiser, isto é, dar-lhe alegria e prazer. Não é isso que se cria a autoestima.

O AMOR FORMANDO AUTOESTIMA

A AUTOESTIMA COMEÇA a se desenvolver numa pessoa quando ela é ainda um bebê. Os cuidados e os carinhos vão mostrando à criança que ela é amada e cuidada. Nesse começo de vida, ela está aprendendo como é o mundo à sua volta e, conforme se desenvolve, vai descobrindo seu valor a partir do valor que os outros lhe dão. É quando se forma a autoestima *essencial*. A autoestima continua a se desenvolver conforme a pessoa se sente segura e capaz de realizar seus desejos e, futuramente, suas tarefas. É a autoestima *fundamental*.

Para os pais, o amor incondicional que sentem pelos filhos está claro, mas, para os filhos, nem sempre esse amor é tão claro assim. Toda criança se preocupa em agradar à mãe e ao pai e acredita que ao fazer isso estará garantindo o amor deles. Para ela, o sorriso de aprovação dos pais é amor, e a reprovação com um olhar sério ou uma bronca é não amor.

É importante que fique claro para a criança que, mesmo que a mãe e o pai reprovem determinadas atitudes dela, o amor que sentem não está em jogo.

> **Para que a criança se sinta amada incondicionalmente, é necessário, acima de tudo, que seja respeitada.**

Respeitar os filhos significa:

- Dar espaço para que tenham seus próprios sentimentos, sem por isso ser julgados, ajudando a expressá-los de maneira socialmente aceitável. Não é errado nem feio sentir raiva. O que pode ser reprovado é a expressão inadequada da raiva, como, por exemplo, bater em alguém.
- Aceitá-los como são, mesmo que não correspondam às expectativas dos pais. Precisam ter os próprios sonhos, pois não nasceram para realizar os sonhos dos pais.
- Não julgá-los por suas atitudes. Crianças erram muito, pois é assim que aprendem. Mãe e pai podem e devem julgar as atitudes, mas não os filhos. Se a atitude foi egoísta, o que deve ser mostrado é o egoísmo, mas não consagrá-lo dizendo "Você é muito egoísta". Frases do tipo "Você é terrível" e "Você não tem jeito mesmo" ensinam à criança que ela é egoísta, terrível e não tem jeito mesmo. Portanto, essas "qualificações" passam a ser sua identidade.

O respeito ensina a criança que ela é amada não pelo que faz ou tem, mas pelo simples fato de existir.

Sentindo-se amada, ela se sentirá segura para realizar seus desejos. Portanto, deixá-la tentar, errar sem ser julgada, ter seu próprio ritmo e descobrir coisas permitem à criança perceber que consegue realizar algumas conquistas. Falhar não significa uma catástrofe afetiva. Assim, a criança vai desenvolvendo a autoestima, grande responsável por seu crescimento interno, e fortalecendo-se para ser feliz, mesmo que tenha de enfrentar contrariedades.

⋮

Fernanda, 1 ano

Lúcia me procurou com a queixa de que sua filha Fernanda, de 1 ano, era preguiçosa – ainda não andava e não falava – e muito nervosa. No primeiro atendimento, sugeri que brincassem juntas, como costumavam fazer em casa. As duas estavam sentadas no chão, rodeadas de brinquedos. Fernanda olhava para um brinquedo e Lúcia se antecipava: "Aqui está, filha! É este o brinquedo que você quer?". Quando Fernanda começava a engatinhar em direção a outro brinquedo, Lúcia o pegava e lhe entregava por temer que ela caísse e se machucasse. Lúcia percebeu que não suportava ver a filha fazer tentativas ou frustrar-se, por isso se antecipava à criança. Mas, para que Fernanda começasse a andar, seria necessário arriscar, cair algumas vezes, frustrar-se, até conseguir pegar o brinquedo sozinha. O que

Lúcia havia transmitido até então para a filha era a ideia de que os brinquedos iam até ela. Ora, por que então Fernanda precisava andar ou falar? Se a mãe não pegasse o brinquedo desejado, Fernanda gritava, irritada, pois a frustração não fazia parte de sua educação.

⋮

Alegria ou prazer são logo digeridos, e as crianças ficam à espera de receber mais alegrias ou prazeres. Quando não recebem, fazem birra, tornam-se infelizes. Portanto, esse método, além de não desenvolver a autoestima, cria muito mais dependência (de pessoas, de drogas), pois é dela que as pessoas passam a se alimentar para estarem bem.

O que alimenta a autoestima é sentir-se amado incondicionalmente e também o prazer que a criança sente de ser capaz de fazer alguma coisa que depende só dela, não o prazer gratuito. O filho desenvolve a autoestima quando brinca com o que ganhou, interage e cria novas brincadeiras; guarda o brinquedo dentro de si, sente sua falta e, principalmente, cuida dele. O brinquedo ganho adquire, então, significado para ele. Crianças que ganham uma infinidade de brinquedos que mal conseguem guardar não têm como desenvolver autoestima suficiente para gerar felicidade.

O presente que vai alimentar a autoestima do filho é aquele que ele sente que merece. Sem dúvida, é muito prazeroso para os pais dar presentes que agradem aos filhos. Todos ficam contentes, os pais por dar, os filhos ao recebê-los. Mas o princípio educativo é que os filhos sejam pessoas felizes, e não simplesmente alegres. A alegria é passageira, e a capacidade de ser feliz deve pertencer ao filho. O prazer do "sim" é muito mais verdadeiro e construtivo quando existe o "não".

Se uma criança é aprovada porque os pais contrataram para ela um professor particular, o mérito da aprovação é dos pais. O filho pode até sentir prazer por ter sido aprovado, mas no fundo sabe que o mérito não foi todo seu. Isso diminui sua autoestima. Quando é aprovado porque estudou e se empenhou, sua autoestima cresce. Ele adquire responsabilidade.

AUTOESTIMA EMPREENDEDORA

A SIMPLES PROIBIÇÃO DE UM ATO pode não ser educativa. Quando se manda que uma criança fique quieta em seu lugar, estamos cortando sua ação, inclusive a iniciativa de agir. Castramos a ação.

Se a ação for inadequada, perigosa, abusiva, tem mais é que ser interrompida mesmo. Mas melhor seria se a criança fosse estimulada a encontrar soluções que não perturbassem os outros: "Não pode correr aqui, mas veja se descobre onde você pode correr sem perturbar ninguém". Assim, reencaminhamos a energia, que estava sendo gasta na inadequação, para algo mais construtivo e útil. Ou seja, em vez de um filho travado, estamos fortalecendo o empreendedorismo dele – o que vai lhe ser muito útil como valor em seu trabalho.

Autoestima é o essencial alicerce para a vitória, o sucesso e a felicidade.

Uma pessoa com boa autoestima encontra forças dentro de si para vencer uma tarefa, atingir um objetivo, buscando e investindo o melhor de si para a vitória. Esta mesma autoestima aceita muito bem o reconhecimento dos outros ao seu trabalho, convivendo bem com o sucesso. A felicidade é saber usufruir muito bem o que se tem, sem ficar sofrendo pelo que não se tem. É a boa autoestima que permite viver com esse sábio e feliz equilíbrio.

CAPÍTULO 4
Três estilos de agir

Por incrível que possa parecer, as pessoas nem sempre adotam um comportamento humano em suas ações. Para facilitar a compreensão, reduzo os comportamentos a três estilos: vegetal, animal e humano.

COMPORTAMENTO ESTILO VEGETAL

É UTILIZADO POR PESSOAS que agem como se fossem plantas: aguardam o mundo em volta movimentar-se para atendê-las. Fixada ao terreno, a planta espera que o solo lhe seja fértil, que haja chuva e luz suficiente para a fotossíntese. Até a reprodução depende de terceiros. São os polinizadores (insetos, aves e vento) que espalham suas sementes. Ela se limita a atraí-los e segue cumprindo seu determinismo genético.

> **A planta possui a força quando o ambiente lhe for propício, e os humanos também podem dirigir essa força.**

Os humanos vivem fisiologicamente essa etapa quando são recém-nascidos, estão em coma ou perdem a memória na fase senil. Caso não recebam cuidados, podem morrer, apesar de terem dentro de si, sempre, a força da sobrevivência.

Às vezes, porém, há pessoas com saúde corporal e adultas que funcionam como se fossem vegetais. Isso ocorre, sobretudo, quando deixam por conta do acaso algo que elas mesmas poderiam fazer, ou ficam esperando que as outras pessoas as façam.

A mãe que permanece indiferente enquanto suas crianças se engalfinham é um exemplo desse comportamento. Claro que ela reparou na briga, mas talvez pense: "Logo se cansam de brigar e continuarão brincando". O pai pode ser atacado pelo mesmo mal quando também nada faz. Observa tudo calado, pensando: "Quando crescerem, passa". Tais comportamentos dos pais equivalem a pensar que é o tempo que resolve o problema, e não eles.

Somente esperar em vez de agir é um comportamento estilo vegetal. E o ser humano se caracteriza por agir para mudar o que não está bom. Ficar apenas "filosofando" não resolve a questão nem supera os conflitos. É o filho que espera ser aprovado na escola sem estudar.

COMPORTAMENTO ESTILO ANIMAL

Trata-se de estilo já um pouco mais complexo que o do vegetal. Os animais têm movimento próprio e usam estratégias para saciar os instintos. Suas ações são repetitivas porque estão inscritas em seu determinismo genético. Todos os animais da mesma espécie têm comportamentos e recursos semelhantes, portanto sobrevivem guiados pelos mesmos instintos.

A natureza foi muito sábia ao gratificar com o prazer a saciedade dos instintos. Assim, cada vez que o animal é impulsionado pela necessidade de sobrevivência e de perpetuação da espécie, ele se movimenta atrás de comida ou em busca de parceiro. A necessidade traz um desconforto que motiva o animal a buscar a saciedade. Então, ele não só se livra do incômodo mas ainda sente prazer, o prazer da saciedade.

É gostoso comer quando se tem fome. O prazer vem do gosto da comida na boca e da garantia de sobrevivência. Sem se movimentar, o animal morreria de fome.

> **O animal vive dentro do ciclo necessidade-saciedade e prazer-desprazer. Suas vontades são ditadas pelos instintos.**

Os humanos adotam o comportamento estilo animal quando:

- Não usam sua racionalidade.
- Repetem sempre os mesmos erros.
- Fazem só o que aprenderam e não criam novidades.
- Suas vontades estão acima da adequação.
- Agem impulsivamente, mesmo que depois se arrependam.
- Agem conscientemente de forma egoísta.
- Desrespeitam a ética relacional e as normas sociais.
- Pirateiam e danificam o meio ambiente.
- Usam a lei do mais forte.

Pais que exploram, negligenciam ou violentam os filhos estão manifestando seu comportamento estilo animal. Se a mãe ou o pai socorre o filho contra a merecida repreensão que pai ou mãe lhe fez, talvez esteja protegendo irracionalmente sua cria.

O pai ou a mãe assume um comportamento estilo animal quando, na expectativa de que o filho se modifique, insiste sempre na mesma bronca. Diante do garoto que não estuda, ele ou ela repete a advertência ou conselho, que invariavelmente começa com as fatídicas palavras: "Quando eu tinha a sua idade...". Nunca acrescenta ao discurso algo novo, capaz de mobilizar o adolescente. Diz sempre a mesma coisa e, por isso, obtém sempre o mesmo resultado.

⋮

A mãe, da sua parte, tem um comportamento animal quando se dispõe a arrumar o quarto do filho pela "milésima e última vez". Espera da criança que, ao vê-la arrumando, aprenda a arrumar. Sinto muito, mamãe, mas esse é um comportamento estilo animal! O que a criança aprende, a imagem que lhe fica, é tão somente a de sua mãe arrumando o quarto para ela... Quer dizer, a criança só aprende a arrumar o quarto arrumando!

A birra é o recurso que a criança usa para submeter a mãe à sua vontade. Se a mãe cede, alimenta este recurso estilo animal. Em birras, tanto a mãe que cede quanto a criança que insiste estão inadequadas.

COMPORTAMENTO ESTILO HUMANO

Este estilo busca a felicidade e para isso as pessoas que o adotam integram disciplina, gratidão, religiosidade, ética e cidadania com vistas a sua sobrevivência, perpetuação da espécie, preservação do meio ambiente, formação de grupos solidários e construção da civilização.

Dono do cérebro mais desenvolvido na escala animal, o ser humano tem inteligência e criatividade para superar conflitos, encontrar soluções novas para os problemas, sofisticar a saciedade dos instintos e transformar o meio ambiente em busca de melhor qualidade de vida.

O cérebro superior confere ao ser humano qualidades que nenhum outro animal possui: capacidade de abstração, raciocínio hipotético, manejo do tempo, armazenagem do alimento (não precisa correr atrás dele, dia após dia), sobrevivência nas diversas temperaturas (despe-se no calor e veste-se no frio). Graças a essas características, ele organiza o sentido de sobrevivência para atender ao seu lado animal.

> **Faz parte do instinto de perpetuação da espécie os pais cuidarem dos filhos, mas é a educação que os qualifica como seres humanos.**

Se tiveram uma infância sofrida, os pais não vão desejar que suas crianças passem as mesmas privações. Tentam dar-lhes o que não tiveram. O mérito de tais benefícios não cabe, portanto, aos filhos, que são apenas receptores passivos dessas compensações. Na infância, os pais sofridos comiam a asa e o pescoço da galinha enquanto seu grande e autoritário pai se fartava de peito e coxa. Pois agora esses pais dão peito e coxa aos filhos. E as crianças acham natural ter direito a peito e coxa, sem valorizar o gesto dos pais.

Num comportamento humano, o filho arruma o que pode e a mãe apenas observa. O que ele não conseguiu arrumar sozinho, a mãe arruma, mas junto com o filho, ensinando-o. O que importa é mostrar ao filho como cuidar de seus pertences e do ambiente em que vive, em nome de uma educação integrada. Crianças gostam de um elogio que mereçam – esse é o verdadeiro alimento da autoestima. Elogiar gratuitamente desvaloriza a pessoa.

CUIDADO, MAMÃE! (E VOCÊ TAMBÉM, PAPAI!)

A MÃE DE UM FILHO que não arruma seu quarto pode querer usar outra técnica: "Não vou mais ligar para o seu quarto. Vou fazer de conta que não enxergo suas bagunças". E o quarto continua uma baderna, pois o filho também não a enxerga. Se nada muda, essa técnica cairá num comportamento estilo animal.

É bastante comum a mãe não conseguir manter a nova postura por muito tempo. O seu "não ligar" dura até o dia em que não aguentará mais. Haverá uma festa na casa, é final de ano, véspera de viagem, volta das férias... Seja qual for a justificativa, ela se põe a arrumar o quarto furiosamente, como um raivoso animal.

O que o filho aprende com isso? Muita coisa. Aprende que, se tolerar a bagunça mais do que a mãe, um dia ela acaba arrumando o quarto para ele. Quem é que está sendo inteligente?

> **No comportamento humano, a mãe vai mudando de atitude até a criança sentir ela mesma necessidade de arrumar o quarto.**

E essa necessidade começa a surgir quando a criança não encontra mais nada do que quer no quarto, quando se vê privada de uma camiseta limpa, não acha o tênis, por exemplo. Não é porque o filhinho quer ir a uma festa importante que a mãe, às pressas, vai logo dar um jeito para ele sair em ordem. Esse é um jeitinho que deseduca. Nessa hora, mesmo vendo o filho desarrumado, a mãe deve se manter impassível e ainda comentar quanto ele está feio. Precisa resistir ao impulso de querer arrumá-lo todo. O filho deve sentir por si só, na pele, a importância e as vantagens de ter tudo em ordem.

CUIDADO, PAPAI! (E VOCÊ TAMBÉM, MAMÃE!)

No QUE SE REFERE AOS ESTUDOS, o pai precisa buscar soluções mais eficazes do que simplesmente achar que, por frequentar uma boa escola, o filho estará aprendendo. Para a criança, talvez isso até seja verdade, mas não necessariamente para o adolescente. A aprendizagem depende do que ele quer aprender, se ele acha gostoso ter conhecimentos. Aprender é como comer[7]. Estudar e comer não são caprichos, mas obrigações. A comida alimenta a saúde física, e o estudo alimenta a saúde social.

O ignorante sofre quando percebe que algum conhecimento lhe faz falta, mas não consegue aprender o que precisa aprender. Não é o caso dos adolescentes. Eles não sentem necessidade de saber o que não lhes interessa. Os adolescentes são interesseiros. Por isso, os pais devem explorar essa característica deles para "negociar" os estudos.

Uma das formas de não se afastar do comportamento estilo humano é ter sempre em mente a distinção entre o que é supérfluo e o que é vital. Aprender é vital. Comer é vital. Voltar tarde não é vital. Ter amigos é vital. Usar drogas não é, mesmo que "todos os amigos usem".

O pai e a mãe se perdem justamente nesse ponto. "Todos ganham um carro, por que meu filho não ganhará?", perguntam-se. E eu pergunto: será que ganhar um carro é realmente vital?

Até os animais fazem uma seleção natural entre o que é supérfluo e o que é vital. Quando comer é vital, a proteção pode se tornar supérflua. A melhor caça é a que está faminta: cai em qualquer isca.

O vegetal sobrevive, o animal sacia seus instintos e o ser humano deseja ser feliz.

7 Saiba mais, lendo "Aprender é como comer", na obra *Ensinar Aprendendo*: Novos paradigmas na educação, de Içami Tiba. São Paulo: Integrare, 2007 (N.E.).

CAPÍTULO 5
Ser feliz

A BUSCA DA FELICIDADE, que inclui a liberdade, ética e responsabilidade, é uma característica exclusiva do ser humano. A felicidade é um bem-estar biopsicossocial, uma satisfação da alma.

Felicidade não se dá nem se vende. Para alcançá-la, cada ser humano precisa antes amadurecer. Os pais podem fornecer aos filhos a base para formar a felicidade, seja materialmente, oferecendo-lhes condições básicas de sobrevivência, seja psicologicamente, através da educação. Como são numerosos os níveis de felicidade, destaco a seguir os fundamentais.

FELICIDADE EGOÍSTA

A PESSOA QUE DESFRUTA esse tipo de felicidade busca somente atender às próprias necessidades e vontades, sem considerar o sofrimento alheio ou que se passa à sua volta. Procura um bem-estar primitivo, quase vegetal, pois leva em conta apenas a própria sobrevivência. Suga todos os nutrientes do solo, enquanto se espalha para pegar o máximo de luz, mesmo que com isso abafe outras plantas.

Um exemplo pode ser o do chefe de família que exige para si o melhor lugar da casa, a melhor comida. Fuma seu cigarro enquanto toma sua bebida preferida. Tudo deve ser do seu modo e gosto, independentemente do sufoco dos filhos, da mulher ou de quem quer que seja.

Uma criança muito pequena naturalmente busca esse tipo de felicidade, porque nessa fase de desenvolvimento o egocentrismo é natural. Aos poucos, à medida que vai descobrindo as demais pessoas, ela supera a necessidade de ser o centro do mundo e se interessa mais pelos outros.

Aos 8 meses, o bebê costuma estranhar pessoas que não pertencem ao seu cotidiano e pode até chorar. Muitas vezes essas pessoas insistem em pegá-lo no colo, ignorando a angústia da criança.

Quando alguém lhe sorri, o bebê sente bem-estar, porque percebe que despertou afeição: o sorriso lhe serve de reforço. Assim, se os pais desaprovarem alguma atitude sua, não devem sorrir enquanto lhe dizem um "não". Entre a proibição do "não" e o sorriso, o que pesa mais é a aprovação do sorriso. Mesmo sem sorriso, a aprovação pode estar num meigo tom de voz, num doce olhar... Portanto a criança está sendo estimulada a não atender o "não".

Uma criança que faz birra porque a mãe se nega a lhe comprar o vigésimo brinquedo numa manhã de passeio ao *shopping* seria um outro exemplo de felicidade egoísta. Sua vontade se transforma na necessidade de possuir o brinquedo mesmo que, para isso, precise atropelar a própria mãe.

Convém lembrar que a felicidade que se esvai após a posse de um brinquedo – e a criança faz birra para querer o brinquedo seguinte – não é felicidade, mas sim saciedade de um desejo. Saciar um desejo não é ainda a felicidade, muito maior que isso, sempre.

> **Quando um filho usa droga, também está buscando a felicidade egoísta.**

Só ele sente o efeito prazeroso da droga, sem se preocupar com os prejuízos que ela provoca nem com os sentimentos e as opiniões dos pais e das pessoas que o amam. Vale lembrar que logo essa felicidade egoísta se transforma em saciedade e o jovem entra no ciclo instintivo (animal) do sofrimento/saciedade.

Quando os pais "sofrem" de felicidade egoísta, estão educando os filhos a também ser egoístas. E no futuro serão atingidos pelo que ensinaram. Imaginemos esses pais senis, começando a necessitar de cuidados. Os filhos abrirão mão de sua felicidade egoísta para cuidar deles? É bem provável que os pais terminem num asilo!

FELICIDADE FAMILIAR

NESSE CONTEXTO, TODO o interesse da pessoa volta-se para o bem-estar exclusivo da família. Pouco importa o que acontece com as outras famílias; a família está cercada de todos os recursos para garantir sua segurança. O patriarca protege a prole. Esta família se considera perfeita. Pai e mãe acreditam piamente nos filhos, como se eles nunca mentissem, e atacam ferozmente todos os que ousarem mexer com eles.

Fora de casa, os componentes desta família não têm pruridos em se aproveitar de posições vantajosas e explorar os funcionários, a comunidade e até mesmo a sociedade para trazer benefícios somente para a própria família. Por exemplo: esses pais facilmente se voltam contra a escola por advertências dadas a seus filhos. Não é natural que os pais se voltem contra a escola que adverte seu filho sem saber os reais motivos de eventual punição. O filho está sempre certo e quaisquer outros sempre estarão errados? Ou seja, tais famílias, agindo assim, educam suas crianças para a transgressão social – e reforçam suas delinquências[8].

Crianças precisam sentir que pertencem a uma família.

Elas carregam esse amor dentro de si para onde forem, inclusive em seus primeiros passos na escola. A sensação de pertencer à família as defende de ser adotadas por traficantes, bandos de delinquentes ou fanáticos de qualquer espécie.

Aprovar tudo o que a criança faz ensina-lhe que quem a ama satisfaz todas as suas vontades. Mas a própria vida vai se encarregar de contrariá-la. E a escola oferece o primeiro passo para isso: o aluno fica

---

8 Em pesquisa feita com 684 docentes da rede estadual pelo Sindicato dos Professores do Ensino Oficial do Estado de São Paulo, Apeoesp, em dezembro de 2006, as violências mais comuns nas escolas públicas eram: 96% agressões verbais, 82% agressões físicas contra professores e 88,5% vandalismo contra a escola. Os agressores eram: 93,3% alunos e 25,2% pais ou responsáveis. Ou seja, nem os pais respeitam as escolas e os seus professores.

sem os pais na sala de aula. Há alunos que não querem aceitar essa regra da educação. Podem eles entender que a escola não os ama, por contrariá-los. Cabe aos pais demonstrar que estão de acordo com as regras da escola que escolheram e não reforçar o que pensam as crianças, querendo permanecer com eles. Esses pais dão, na verdade, o exemplo da transgressão quando poderiam mostrar as diferenças da vida entre o lar e a escola.

FELICIDADE COMUNITÁRIA

Pessoas que sentem esse tipo de felicidade fazem questão de ajudar os outros integrantes de sua comunidade para torná-los mais felizes. Ultrapassam os limites da própria família, os interesses materiais e o individualismo.

Tais pessoas experimentam a sensação de bem-estar e prazer em pertencer a uma comunidade e participar dela como se fosse sua grande família. Não importa se a comunidade é o bairro, a cidade, a agremiação, a entidade, a instituição, a escola ou até mesmo o grupo religioso.

Podem ser pessoas que passaram pelas felicidades egoísta e familiar e depois amadureceram para a felicidade comunitária. Ou que, mesmo sem ter família, sentem grande satisfação em servir ao próximo.

Pertencer a uma comunidade, prestar serviços a ela, orgulhar-se dela, participar dos movimentos que ela propõe para ajudar os mais necessitados e ajudar a organizar festas comuns para todos se divertirem fazem um efeito multiplicador nos seus filhos.

FELICIDADE SOCIAL

A FELICIDADE SOCIAL considera todos os seres humanos iguais, não importa a cor, etnia, raça, credo, religião, nível social, preparo cultural, poder econômico, cargo político, fama, origem, aspecto físico, capacitação ou habilidade.

A pessoa fica feliz em poder ajudar outro ser humano a ser feliz. Empenha-se em tornar este mundo melhor com pequenos gestos, desde o ato de deixar o banheiro limpo para o próximo usuário até grandes ações, como se mobilizar quando um semelhante ou um povo inteiro estiver sofrendo um revés em qualquer canto do planeta.

Como exemplo, podemos lembrar a famosa atriz norte-americana Angelina Jolie, ex-modelo e ex-usuária de drogas, que recebeu um Oscar e três Globos de Ouro e encabeça o segundo lugar na lista da filantropia promovida pela revista *Time*, dedicada a gente "que transforma o mundo com seu poder, talento e exemplo moral". Mãe adotiva do cambojano Maddox, do vietnamita Pax e da etíope Zahara e mãe biológica de Shiloh e dos gêmeos Knox e Vivienne, seus filhos com o ator Brad Pitt, ela foi nomeada pela ONU embaixadora da boa vontade[9].

A felicidade social é a expressão máxima da saúde relacional, pois se eleva acima das felicidades anteriores.

---

9 Fonte: <http://pt.wikipedia.org/wiki/Angelina_Jolie>. Acesso em 22/6/2012.

A pessoa que expressa felicidade social se regozija com a felicidade alheia, mas também sente na alma os sofrimentos dos homens. É um ser grato, solidário e sua ligação com o próximo transcende o tempo e o espaço, superando diferenças geográficas, ideológicas, políticas, sociais e religiosas.

Tolerância, solidariedade, compaixão, sabedoria, não violência fazem parte da felicidade social. Grandes guias religiosos foram suas expressões máximas.

Se os pais começassem a ler para as crianças, desde a mais tenra infância, passagens interessantes e pitorescas dos grandes homens da humanidade e depois estimulassem um pequeno e simples debate sobre a vida deles, provavelmente elas seriam pessoas melhores para si mesmas, para a família, para a escola e futuramente para o mundo.

Não seria interessante a criança identificar o que ela fez de bom para qualquer pessoa? Incentivá-la a falar a verdade, sem exageros, e reforçar o que ela fez de positivo são medidas que não exigem tanto tempo e produzem grandes resultados: contribuem para a formação de uma boa autoestima.

Os filhos adoram saber que os pais gostam do que fazem. Se eles vivem naturalmente a felicidade social (fazer o bem, não importa a quem, e não fazer nada que possa prejudicar outras pessoas), seus filhos também a viverão.

CAPÍTULO 6

Gente gosta de gente

DIFERENTE DOS DEMAIS SERES VIVOS, já nascemos predispostos a ter companheiros. Nossa condição ao nascer é de total dependência da mãe. Precisamos que ela (ou um substituto dela) nos dê os cuidados básicos, sem os quais não sobrevivemos. Não somos como os animais, que já nascem praticamente capazes de andar e de se alimentar. Nós nascemos já nos relacionando com nossos geradores e cuidadores. Nenhum ser humano é indiferente a outro ser humano. Ele pode se aproximar, agredir, fingir indiferença, afastar-se porque sempre percebe a presença do outro.

Os animais têm seus companheiros, à sua maneira primitiva. Os bandos são movidos pela ética da sobrevivência: tudo o que fazem tem a finalidade de defender a vida e garantir a perpetuação da espécie. Um animal ataca outro quando se sente ameaçado física ou territorialmente. O que vale é a lei do mais forte.

O macaco é o animal com o cérebro mais desenvolvido. Forma bandos migratórios que atacam territórios alheios para roubar, pensando na sobrevivência de sua espécie. Sob esse aspecto, ele se aproxima de seu parente célebre, o homem: povos mais fortes dominam os mais fracos. E brigam entre si em busca de mais poder do que necessitam para viver.

A força relacional é praticamente instintiva na espécie humana.

O homem dotado de inteligência não precisaria destruir seu semelhante para sobreviver. Então por que o faz? Dentre as inúmeras causas, destaco o problema básico, ou seja, a falta de civilidade, de ambição e ética dos humanos.

Não adianta o ser humano ser simplesmente inteligente. Assim como a força física, a inteligência, que já nasce com ele, pode ser estimulada. O que comanda a inteligência e a força física é a mente humana. E esta pode ser usada tanto para o mal quanto para o bem, conforme a ética do indivíduo.

O grande traficante de drogas usa a inteligência para o mal. Os grandes políticos precisam ter inteligência relacional para conseguir ser eleitos pelo povo. Mas é a ética, com a sua ausência ou presença, que torna uns corruptos e outros não. Nem os neurologistas nem os psiconeurofisiologistas conseguiram ainda mapear exatamente a localização anatômica da ética, mas sabe-se que ela reside no cérebro superior. Ali fica a instância que exerce o poder de avaliar situações e orientar caminhos da saúde social.

Mas só a ética não explica o companheirismo do ser humano. O que faz uma pessoa gostar das outras é a *religiosidade*. Esse sentimento é a força-mestra da convivência social. A religião, que é a espiritualização da religiosidade, reúne pessoas com a mesma afinidade espiritual, estabelecendo rituais, regras, hierarquias, locais próprios e *modus operandi* para sua funcionalidade.

A expressão máxima da religião, o Deus de cada um, e a da religiosidade é o amor. Nem todos acreditam em Deus, mas ninguém vive sem amor.

> **A arte de ser mãe e pai é educar os filhos para que se tornem afetivamente autônomos, financeiramente independentes e cidadãos éticos do mundo.**

Quanto mais competentes educadores os pais forem, menos necessários se tornarão para os filhos, e o vínculo afetivo será mantido eternamente em nome da saudável integração relacional.

INFÂNCIA: APRENDENDO COM OUTROS E COM SEUS PARES

AINDA BEM QUE OS BEBÊS nascem totalmente dependentes dos pais e prontos para aprender. O que aconteceria se uma criança já nascesse falando ou com valores sociais definidos? Talvez não aceitasse o nome que para ela escolheram com tanto cuidado. Ou se expressasse numa língua incompreensível para os pais. Mas, não; assim como elas aprendem o idioma, absorvem também os costumes e os padrões de valores.

Não é porque o bebê não sabe o que é fumar ou o que é brigar que tais comportamentos podem ocorrer à frente dele. A criança é muito sensível aos efeitos da nicotina, que ela absorve passivamente. As brigas, por sua vez, transmitem emoções negativas que ficam registradas na memória vivencial, mesmo que o bebê ainda não esteja amadurecido neurologicamente para ter memória consciente. A criança aprende pelo relacionamento afetivo que outro ser humano estabelece com ela e também com o que presencia do relacionamento entre seus pais. Por isso, todo cuidado é pouco.

Se um recém-nascido não consegue estabelecer vínculos com um adulto, muito provavelmente não vai sobreviver. Renê Spitz, conhecido psicanalista e pesquisador da psicologia infantil, acompanhou e estudou bebês hospitalizados e manuseados por várias enfermeiras. Observou que eles entravam em depressão, não se alimentavam, perdiam peso e não se desenvolviam. Spitz chamou o quadro de "depressão anaclítica", que pode evoluir para o marasmo e chegar à morte.

APRENDENDO COM OS PARES

Atualmente as crianças vão para a escola com 2 anos ou menos de idade. Isso significa que têm colegas de atividades de idades muito aproximadas, umas aprendendo com as outras. Há crianças que aprendem vendo o comportamento dos seus coleguinhas, longe da vista dos adultos, e levam essas novidades para casa. Geralmente são comportamentos negativos que nem os pais nem os professores lhes ensinaram. Tais comportamentos reaparecerão na família com irmãozinhos, priminhos etc.

Os pais precisam estar atentos e impor limites, explicando as razões dessas limitações. Caso persistam nesse comportamento, é importante que se leve ao conhecimento dos responsáveis pela classe, escolinha, clubes etc. O silêncio – ou a não tomada de atitude dos pais – significa autorizar as crianças a adotarem tais inadequações.

Crianças precisam brincar com crianças.

Este é um alerta necessário, num momento em que o número de filhos diminuiu bastante em relação ao das gerações anteriores, e há muitos milhares de filhos únicos no Brasil: apesar de as crianças se divertirem muito com os adultos, a convivência somente com os pais, por mais preparados que sejam, não é a ideal, pois não oferece referências sobre as crianças mesmas. É através do convívio com outras que elas se veem, trocam olhares e se identificam, formando uma autoimagem de si mesmas.

As crianças adoram comerciais de televisão, até mais que desenhos animados infantis, principalmente se houver crianças em cena. Movimentos, vozes, lugares, músicas, coloridos alegres e bonitos, feitos para agradar ao telespectador e lhe vender tudo, prendem sua atenção.

Os desenhos e os bichinhos de pelúcia com forma, olhares, expressões faciais e movimentos de gente fazem sucesso com as crianças porque desde cedo elas gostam de gente.

Crianças maiores costumam brincar no corpo a corpo, até mesmo brincar de brigar. Estão se avaliando, formando padrões comparativos com outros do mesmo tamanho. É bastante comum uma das crianças exagerar na força e a outra, ao sentir-se atingida, reagir: "Ah, é? É para valer? Agora você vai ver!", e partir para a agressão. O limite entre a brincadeira e a briga foi rompido.

PUBERDADE: BUSCANDO A IDENTIDADE SEXUAL

Assim como as frutas amadurecem, o cérebro das crianças amadurece e provoca o aparecimento da puberdade. A inundação dos hormônios sexuais, resultantes do amadurecimento sexual, provoca o terremoto corporal causando uma mudança no físico e nas emoções de um filho, o que tumultua a família. É a época da convulsão familiar.

O feminino e o masculino diferenciam-se bastante nessa etapa, cada qual com um comportamento característico, fortemente ditado pelos padrões pela associação: hormônios/cultura/família. A garota passa a dar extrema importância às colegas e às amigas, formando grupos e subgrupos que ora se unem como amigas eternas, ora se afastam como inimigas mortais. A família vai para segundo plano.

A religiosidade é exercitada vigorosamente, em sua máxima carga. Os aniversários são supercomemorados com t-o-d-a-s as amigas (amigas, amigas das amigas, colegas, conhecidas etc.), menos com aquela chatérrima que até ontem era a melhor amiga.

Como passarinhos alvoroçados e cantantes no fim de uma tarde de verão, elas voam de repente para outra árvore e tudo continua. Porém, um passarinho no chão está doente ou ciscando. Do mesmo modo, uma garota solitária não está bem, e mudar de turma é comum.

O rapaz embarca no sentido oposto. Esse é o período mais antissocial de sua vida. Isola-se e torna-se irritadiço, respondão, mal-humorado. Não divide suas preocupações, não pede nem oferece ajuda. Grandes transformações corporais e psicológicas ocupam tanto o púbere masculino que ele fica sem energia para investir nos relacionamentos sociais.

Tudo isso causa a maior estranheza na família. Se os pais descuidam, até seus aniversários passam em branco. É muito difícil estabelecer um relacionamento aberto, alegre e falante com o garoto, bem ao contrário do que se passa com a garota. Parece até que ele está brigado com o mundo[10]. A dependência o constrange. Quer fazer o que deseja, sem contudo estar capacitado.

Os púberes gostam de demonstrar uma autossuficiência que ainda não possuem.

---

10 Para saber mais, leia "Eu já tenho 13 anos", no livro *Educação & Amor*, de Içami Tiba. São Paulo: Integrare, 2006 (N.E.).

A força dos hormônios faz o garoto gostar de garotas, mas ele não se abre, e, com receio de ser rejeitado, não as procura. Para complicar, sua testosterona não o deixa levar desaforo para casa. Briga por qualquer motivo e jamais pede desculpas. Até mesmo quando alguém, na rua, fala mal de sua mãe: a mesma mulher que em casa ele não tolera.

ADOLESCÊNCIA: PROCURANDO A IDENTIDADE SOCIAL[11]

A ADOLESCÊNCIA PODE SER comparada à etapa em que as árvores frutíferas dão flores. Estas geralmente ficam na parte mais alta da planta, bem expostas ao sol. Supercoloridas e perfumadas, elas chamam a atenção de todos os polinizadores (agentes sexuais como abelhas e outros insetos, aves etc.). Os adolescentes são ao mesmo tempo flores e polinizadores.

⋮

Jovens gostam de se mostrar, de ver e de ser vistos pelos seus pares. Adoram ir a lugares onde nem conseguem entrar... Competem entre si todo o tempo, comparam-se a todo instante, têm comportamentos, roupas e adornos alvoroçados. Formam turmas para tudo: esportes, saídas noturnas, estudos, viagens etc. A ligação com seus semelhantes – no caso outros adolescentes – é muito mais importante (e sazonal) do que a mantida com os pais

---

11 Estudos mais aprofundados sobre o tema encontram-se em livro específico, *Adolescentes: Quem Ama, Educa!*, de Içami Tiba. São Paulo: Integrare, 2007 (N.E.).

(mais duradoura). Sofrem de embriaguez relacional, um estado de alteração psíquica capaz de influir tanto em seu quadro de valores que eles acabam fazendo coisas que sozinhos, ou na presença dos pais, não fariam. Tal embriaguez não é provocada por agentes químicos, como o álcool, mas pela força do relacionamento estabelecido entre os jovens.

A religiosidade entra em ebulição na adolescência, pois adquire a força das paixões, a fidelidade absoluta aos amigos, o fanatismo das torcidas, a adrenalina dos desafios, o prazer da aventura, a intensidade da paixão que faz perder a cabeça... É a energia gregária na sua máxima vibração.

Se, por um lado, o adolescente mostra a educação recebida na infância, por outro dá tanta importância à turma que se veste, fala e age como os membros do grupo. Quanto mais influenciado estiver pela turma, menos mostrará o que aprendeu em casa. É a chamada "educação pelos pares", quando pratica atos que não aprendeu com seus próprios pais.

MATURIDADE: EDUCANDO OS PEQUENOS

Às flores seguem-se as frutas. E tal evolução equivale, nos homens, ao ser humano maduro, produtivo, que trabalha, que assume compromissos responsáveis com outras pessoas, que pode ter filhos e tem autonomia comportamental e independência financeira.

É o ciclo da vida: nascer, crescer e amadurecer (adolescer), tornar-se adulto, relacionar-se com compromissos responsáveis (sociedades, grupos operativos, casamentos etc.), ter filhos, envelhecer e morrer. (Portanto é natural que não se envelheça antes de os filhos amadurecerem – para poder educá-los – nem morra antes dos filhos.)

A religiosidade se perpetua no casal com o nascimento dos filhos.

Marido e mulher podem até separar-se, mas, se tiveram filhos, serão ambos sempre mãe ou pai, nunca ex-mãe ou ex-pai. Há, porém, alguns ex-cônjuges que se comportam como ex-pais de seus filhos; mesmo que esses homens atinjam a maturidade profissional com grande sucesso, isso não significa que tenham atingido a maturidade familiar: podem ser "globalizados", mas estão longe de ser integrados.

Há pais que podem ser bons pais de crianças, mas maus pais de adolescentes, por não terem as suas funções amadurecidas. Há maus pais de crianças que se revelam ótimos pais de adolescentes. Excelentes pais de crianças têm maior chance de ser ótimos pais de adolescentes. Péssimos pais de crianças dificilmente serão excelentes pais de adolescentes.

Há outras pessoas que preferem não se casar e dedicam a força de sua religiosidade à comunidade, à sociedade. Seus filhos são suas obras – seu legado à humanidade.

SENESCÊNCIA: ADOLESCÊNCIA NA VELHICE

Com o aumento da longevidade nos últimos 50 anos, fica mais evidente a senescência, movimentada etapa anterior à velhice, assim como a adolescência precedeu a maturidade. Adolescer significa crescer e "senescer" (verbo ainda não registrado nos nossos dicionários) significa entrar em processo de envelhecimento.

Muitos dos senescentes se encontram em plena maturidade, com alta capacidade produtiva, aposentados ou não. Ainda têm energia vital, dinheiro suficiente e bons conhecimentos, com filhos já crescidos. Ficam com tempo disponível para se dedicar ao que sempre quiseram fazer e nem sempre puderam: viajar, aprender línguas e outros ofícios, escrever, curtir a vida com os netos sem a responsabilidade de pais, e outros passatempos. A sociedade os chamou de "terceira idade", mas a maioria dessas pessoas prefere ser chamada como "melhor idade".

Os senescentes querem aproveitar o tempo e os estertores da saúde, pois a velhice lhes bate à porta. Mas hoje muitos continuam sustentando filhos e netos.

Quanto ao processo educativo, os avós senescentes vivem grandes conflitos, porque ainda têm saúde, não se sentem velhos e querem participar da educação dos netos. A intenção é muito mais viver o prazer relacional, de modo a preencher o entardecer da vida com a matinal alegria e a ingenuidade infantil dos netos.

Essa geração de senescentes começou a trabalhar cedo, nos anos do milagre econômico brasileiro ou imediatamente antes dele (nas décadas de 60 e 70 do século passado), e continua trabalhando em época em que o desemprego e o subemprego atingem seus filhos. O velho ditado "uma vez pais sempre pais" parece perfeito para os senescentes, pois muitos de seus filhos trintões estão vivendo de carona na vida deles. Essa é a "geração carona". Também por isso, muitos senescentes permanecem economicamente ativos, mesmo com idade para se aposentar.

VELHICE: CREPÚSCULO DA VIDA

É TRISTE SER VELHO EM NOSSA CULTURA. Fica-se mais exposto à solidão, que não é natural ao ser humano. E há um enfraquecimento generalizado do corpo e da energia vital. O que alivia o sofrimento é a sensação de ainda ser útil e, em especial, ser amado e acolhido por seus descendentes. Portanto, outra vez, a força relacional suaviza as dores de uma etapa da vida. Seus filhos já estão maduros e seus netos estão graúdos, todos em condições de ajudá-lo.

Velhos já não interferem tanto na educação das crianças e dos jovens.

Os velhos recebem cuidados dos filhos maduros, e netos adolescentes ou adultos vão visitá-los para lhes levar o entusiasmo e as novidades juvenis. Quando lúcidos, os velhos são mais contadores de casos, de lembranças, de como tudo era no tempo de sua juventude, transmitindo aos netos experiência de vida, tradição familiar e social – atividades essas que os pais não têm tempo de partilhar com os filhos.

MAIS QUE GREGÁRIO, SOCIAL

ANIMAIS QUE ANDAM EM BANDOS em geral são gregários. Apesar de estarem juntos, cada um se protege, sozinho e como pode, contra o predador, baseado em seu instinto de sobrevivência. O bando tem seu líder, que é o macho-alfa, o mais forte. Ele defende sua(s) fêmea(s) e crias. Seu reinado é mantido à força, até surgir outro macho que o desafie e o derrote. É a lei do mais forte.

Nos grandes centros urbanos, os cidadãos ocasionalmente agem como se estivessem em bando: cada um por si, em situações de risco. Num assalto à mão armada, por exemplo, quem observa muitas vezes nem se mexe – para não ser a próxima vítima. A vítima e o observador se sujeitam à lei do mais forte, e o revólver confere a quem o empunha a condição de predador invencível.

A civilização é solidária.

Se um irmão da mesma espécie se torna predador (um criminoso), é preciso que os outros se organizem para atendê-lo em suas necessidades básicas. Temos de nos defender dos predadores sociais atacando os focos que favorecem e alimentam sua formação. Não adianta apenas dar comida a quem tem fome. É preciso preparar o faminto para que consiga comida por conta própria.

Mas, como ele não pode deixar de comer enquanto se capacita, devemos nos envolver num trabalho social de recuperação desses predadores não lhes oferecendo somente condições de sobrevivência, mas educação. Educar significa alimentar o corpo enquanto é preparada a alma.

O trágico momento de um assalto pode ser usado para educar os filhos. É natural ficar com raiva do assaltante. Com a testosterona no cérebro, vem a vontade de dar nele uns bons socos. E, se estivéssemos armados, quem sabe até não atiraríamos? É educativo que a mãe e o pai expressem seus sentimentos sobre a violência sofrida, e que cada qual expresse o que pensa e sente a respeito enquanto os filhos se mostrarem interessados no tema.

É muito ruim ser assaltado. Mas, por pior que seja, um homem civilizado não pode fazer justiça com as próprias mãos, e isso devemos ensinar aos filhos. O cidadão, um ser social e civilizado, deve usar recursos sociais para lutar contra assaltos. No lugar de reagir impulsivamente para se defender e infringir, assim, a lei do mais forte, ele tem de utilizar os instrumentos que a sociedade lhe oferece. Não pode fazer justiça com suas próprias mãos. Isso cabe ao poder judiciário, através das leis. Podemos transmitir às crianças o sentimento de solidariedade e a prática da cidadania. E devemos tomar os devidos cuidados para não nos expor ao perigo. Não se pode paralisar a vida por medo de assalto, mas também não devemos nos expor desnecessariamente. E, por fim, é preciso participar de movimentos que ajudem os excluídos a recuperar a dignidade de ser humano.

PARTE 2

CAMINHOS PARA UMA NOVA EDUCAÇÃO

CAPÍTULO 1

Unidos desde o princípio

O SER HUMANO INTELIGENTE, gregário, com religiosidade, ética e criatividade construiu a civilização, e nela mãe e pai têm papéis importantes. Esses mesmos valores são os que devem nortear o dia a dia das famílias.

A história da humanidade mostrou que o cérebro humano tem uma capacidade incrível de superação, e essa capacidade se amplia à medida que o ser humano evolui. Quanto mais evoluído, mais recursos ele tem para enfrentar as adversidades.

O homem não é o que reza a tradição machista. É um ser humano integral, superior. Entretanto, se fizer apenas o mínimo que se espera dele, sem ter uma visão mais abrangente do mundo, ele empobrecerá. É o caso do funcionário de uma montadora que não pode limitar-se a mero apertador de parafusos, ainda que passe a vida toda fazendo isso. Ele tem de saber que está ajudando a construir um carro e é, portanto, um construtor de carros.

Os pais devem fazer tudo para formar uma família. Se a criança está chorando, de nada adianta o pai gritar lá de sua poltrona para que a mulher vá atendê-la. Esse ranço machista tão antieducativo só aumenta a confusão.

Seria muito mais inteligente e respeitoso aplicar a energia para atender a criança do que gastá-la num grito e no mal-estar de ouvir o choro do filho. A natureza é generosa ao recompensar uma mudança de comportamento desse tipo. Além de o homem ganhar proximidade com o filho, terá a admiração da esposa, porque não há mulher que não retribua generosamente a quem trata bem seu filho. A mulher, ao ouvir o choro de um filho, só não o atende quando lhe é realmente impossível.

> **É quase irresistível para uma mãe deixar de atender ao choro de uma criança; ela geralmente larga tudo para proteger o filho. E o pai?**

Quem determinou que é a mulher que deve sempre atender ao choro da criança? Aliás, o choro pode ser manifestação de sofrimento, de perigo, de tentativa de manipulação etc. Desde a Antiguidade, ou a mãe a socorria ou a criança era comida pelos animais. E onde estava o homem forte para defendê-la? Estava ocupado, caçando ferozmente esses mesmos animais para alimentar a família.

A caçada, como se sabe, era tarefa dos homens porque eram mais fortes que as mulheres. Enquanto isso, as mulheres ficavam com as crianças. Nos tempos de hoje, o homem não precisa mais de tanta força física para trazer comida para casa. Alguns nem precisam sair de casa, mas nem por isso passaram a cuidar das crianças. A mulher também começou a participar das "caçadas", porém não abriu mão de cuidar das crianças.

Será que o homem tem dificuldade para atender ao choro da criança? Não, pois na ausência da mulher ele consegue. Se em situações extremas pode fazer isso, significa que pode fazer sempre. Se não tivesse competência, não faria nunca, por maior que fosse a necessidade.

Um pai pode ajudar muito na educação dos filhos. Suas funções não deveriam restringir-se a arrumar a torneira, trocar a lâmpada, matar baratas. É vital que se interesse pelas atividades do filho perguntando e ouvindo com atenção suas respostas. Não é para funcionar como se fosse um detetive, para fiscalizar o filho, mas para acompanhar as atividades dele. Melhor ainda seria o pai participar das atividades dele.

Quando chega em casa, o marido não deveria reclamar da falta do jantar, mas arregaçar as mangas para prepará-lo. Ter vontade de ajudar é uma manifestação de amor. E seria o primeiro passo para uma mudança ainda maior: não somente conseguir "ajudar" a mulher, mas uma divisão dos afazeres tanto da casa quanto no que se refere aos filhos. Na realidade, o marido não está ajudando a mulher, mas admitindo que essas atividades são também sua responsabilidade.

Mesmo entre os casais mais modernos, que carregam a bandeira da "divisão justa de tarefas", o homem faz supermercado, mas a lista é feita pela mulher, que deve determinar a quantidade e a marca dos produtos consumidos na casa. O pai leva os filhos ao pediatra, mas o horário é agendado pela mãe, que manda uma lista com os sintomas dos filhos ou telefona para o pediatra no horário da consulta para ela mesma falar.

O homem vem conquistando espaço enquanto pai, mas ainda sem muita autonomia. E a mulher começa a delegar-lhe algumas tarefas, mas sem perder seu lugar de poder e controle da casa. É o começo de uma grande transformação que poderá evoluir trazendo ganhos e um melhor convívio não só entre o casal mas também com os filhos[12].

O HOMEM GRÁVIDO

A PARTICIPAÇÃO DO PAI na educação do filho já pode começar na gravidez! Muitos homens, hoje em dia, acompanham a mulher durante o pré-natal. Alguns por vontade própria, outros a pedido do obstetra. Mas isso não é suficiente para que o homem se sinta também "grávido".

> **O homem grávido é um estágio que serve de aquecimento para o papel adequado do pai que participa da formação do bebê.**

Ser mãe e pai não é apenas cumprir tarefas práticas mas também envolver-se afetiva e intensamente, pois é disso que resulta a qualidade do relacionamento. Por isso é importante que o pai envolva-se ativamente dos cursos de preparação para o parto, leia livros sobre o que está acontecendo com o feto e saiba

---

[12] Para saber mais, ler *A máscara da maternidade: Por que fingimos que ser mãe não muda nada?*, de Susan Maushart (trad.: Dinah de Abreu Azevedo). São Paulo: Melhoramentos, 2006.

como ele está se desenvolvendo, sinta seus movimentos, converse com o filho ainda na barriga da mãe – para que ele vá se acostumando com sua voz.

O verdadeiro homem grávido participa das reuniões do pré-natal, dos exames de ultrassom, dos cursos de preparação para o parto a fim de aprender a cuidar da criança, recebê-la bem e estabelecer com ela o vínculo afetivo fundamental para sua educação.

Uma pesquisa nos Estados Unidos mostrou recentemente que, quando os pais participavam de pelo menos dois encontros de 45 minutos, quando eram feitas orientações quanto à amamentação – como os pais poderiam ajudar a posicionar o bebê e ajudá-lo na pega correta do seio –, o índice de mães amamentando até os 6 meses passou de 21% para 69%. Esse, portanto, seria mais um benefício proveniente do envolvimento do pai, pois a amamentação tranquila e bem-sucedida favorece o bebê, a mãe e consequentemente o relacionamento familiar, além de reforçar no homem seu novo papel de pai.

Hoje, já dentro do útero, o bebê se materializa para os pais.

Há obstetras que sugerem o parto humanizado. O pai deixa de ser um observador para se tornar um participante do nascimento do filho. Uma evolução para a paternidade. Antes, o parto era visto como um momento muito particular entre a mãe e o bebê.

Agora, passa a ser um momento único para a mãe, o bebê e o pai.

Assim que a criança nasce, o pai, ainda dentro da sala de parto, participa dos primeiros cuidados, dando-lhe o primeiro banho e observando a primeira mamada. Antes considerado função materna, o banho é dado pelo pai, que na maioria dos casos se encanta com a intensidade da relação com o bebê e com a percepção de sua capacidade de exercer funções antes nem imaginadas. A maioria dos obstetras tem orientado o casal grávido, e não mais somente a mulher.

Em geral, a gravidez pega o homem grávido num momento de muita luta para a consolidação profissional, e sua mulher grávida pode dar mais trabalho que antes, quando era uma parceira disposta a tudo. Ela agora está cheia de desejos... e olha primeiro o bebê na barriga, depois o companheiro.

A mulher integrada busca informações, marca exames, faz ginástica, massagem, cuida bem da alimentação. Os grandes problemas são as limitações naturais da gravidez. O corpo muda. Ela sabe disso, mas encara a verdade: gravidez não é doença nem paralisa ninguém.

A expressão máxima da religiosidade é o amor, e ele transforma o critério estético de apreciação do companheiro. De tanto as pessoas dizerem que a grávida é bonita, ela se torna bonita. Do ponto de vista puramente estético, talvez não fosse assim.

O amor faz da grávida uma mulher bela, e o mundo a homenageia, enaltece-a e enche-a de cuidados.

Existem alguns homens que não evoluíram para a paternidade e não conseguem ver na esposa/futura mamãe seu objeto de desejo. O fato é que o corpo deles não muda. Outros maridos, imaturos, sentem-se rejeitados pela esposa grávida. Após o parto, quando esperam que a situação melhore, ressentem-se quando a mãe tem de se dedicar muito mais ao bebê.

Os homens que não têm saúde emocional para suportar períodos de dificuldade costumam abandonar a mulher e a criança, como se estas fossem as causas do seu problema.

PAI INTEGRADO

Um PAI INTEGRADO, além de entender que nesse período a esposa grávida não pode lhe dar tanta atenção quanto antes, começa a dedicar maior atenção a ela. E olha também para a criança, o que lhe permite passar longe do sentimento de rejeição. Por mais independente que a mulher seja, a gravidez torna-a mais sensível e necessitada de maiores cuidados. Mesmo as mulheres que se sentem extremamente bem e energizadas, com a aproximação da data do parto, têm também a necessidade de um apoio muito cuidadoso e compreensivo. Muitas acabam recorrendo à própria mãe ou à sogra, em vez de apelar para o marido.

Para muitas mulheres, a ajuda da figura feminina de mãe e sogra traz segurança e conforto. Pode ser um momento muito importante para o relacionamento entre elas. Para as futuras vovós, pode ser uma espécie de "revivência" da maternidade e, para as futuras mamães, é a chance de reaproximação com a própria mãe. Nessa fase, muitas mulheres passam a ter curiosidade sobre como eram quando bebês, como sua mãe agia, coisas assim. Vão se aquecendo para desempenhar o papel de mamãe.

O homem integrado, em vez de se sentir rejeitado, pode ter a mesma oportunidade de se aproximar de seus pais. Muitos homens grávidos também podem se sentir ansiosos com as modificações que ocorrem na companheira, com as mudanças no relacionamento e com as expectativas do que está por vir.

Com o nascimento da criança, o time das mulheres (avós, mães, cunhadas) tem um tipo de preocupação diferente da que tem o time dos homens (avôs, pais, irmãos). Elas querem participar dos cuidados diários com o bebê, enquanto os homens preferem vê-lo apenas de vez em quando: costumam ser mais observadores do que cuidadores. À proporção que o bebê cresce e começa a dar retornos agradáveis (sorrir, falar, andar, fazer gracinhas), o time dos homens vai se envolvendo com ele.

Assim, de modo geral, o homem participa bem menos dos cuidados iniciais com o bebê, que absorvem a mãe praticamente 24 horas por dia. E algumas ainda têm de aguentar um marido que se sente rejeitado.

O nascimento deve ser compartilhado também com a grande família. A mãe ou a sogra, quando não atrapalham, são extremamente úteis. O marido precisa entender isso e não hostilizar a sogra, tampouco sua mãe.

CAPÍTULO 2

O primeiro ano

O PARTO É UM SUCESSO BIOLÓGICO. Mas o ser humano cercou esse momento de tantos cuidados que passamos até a fazer cesariana com hora marcada.

Nem sempre, entretanto, privilegiamos do mesmo modo um período importantíssimo para a vida da criança, que é o da amamentação. A mãe precisa estar disponível para oferecer o seio ao filho. Bebês têm de ser nutridos e alimentados. Nutridos de corpo, alimentados de alma.

O leite alimenta o corpo; o afeto alimenta a alma.

AMAMENTAÇÃO: SEUS SEGREDOS

PARA OS MAMÍFEROS, amamentar faz parte do instinto da mãe (comportamento biológico, estilo animal); portanto, é natural que as mães tenham leite para oferecer aos filhos. Ao longo da gestação, o bico do seio da mulher escurece por uma razão simples e maravilhosa. Quando o bebê nasce, ainda com dificuldade de focalizar imagens, consegue enxergar o bico do seio pelo contraste da pele, e se levado ao seio, por estar vivendo um momento de estresse e sob estado de alerta, suga-o imediatamente por reflexo. E o sugar é um reflexo que acontece ainda dentro do útero. Se o bebê sugar corretamente, a mãe terá a quantidade de leite suficiente para sustentá-lo nos seus 6 primeiros meses de vida. A sucção correta é a principal responsável pela produção de leite. A parte que cabe à mãe é beber muito líquido e evitar o estresse.

Muitas histórias de amamentação não são bem-sucedidas por falta de orientação. É fundamental que a mulher se informe e prepare-se para amamentar com sucesso. Se a mulher tiver preparado o bico do seio, a amamentação poderá ocorrer com mais facilidade.

No que se refere ao aspecto psicológico da amamentação, a participação do companheiro é muito importante. Ele pode ajudar a manter o clima favorável para que a mulher possa amamentar. Pode levar água para ela durante a mamada, fazer o bebê arrotar, trocar fraldas, dar banho, dar o colo para a criança dormir e, antes, participar das aulas sobre amamentação, porque estando também bem informado pode ajudar a mãe a posicionar o bebê e observar se ele está ou não fazendo a pega correta, o que evita que a mulher fique com o seio rachado e ferido.

A amamentação é fundamental para a saúde do bebê e também para o estabelecimento do vínculo mãe/bebê. Infelizmente, a má informação muitas vezes é um dos principais impedimentos ao sucesso da amamentação. Os casais que se preparam durante a gestação costumam amamentar com muito sucesso. Eles aprendem que:

- Amamentar não dói. (Se doer é porque o bebê não está fazendo a pega corretamente.)

- Não há mulheres que "não têm leite". (Se o bebê sugar e a mulher ingerir uma boa quantidade de líquido, o leite será produzido.)
- Não existe leite fraco. (Toda mulher produz o leite ideal para seu bebê, mesmo que ela não esteja nas condições ideais de nutrição.)
- É fundamental haver um ambiente tranquilo para a mulher amamentar.

Caso não seja possível amamentar, o aleitamento materno pode ser feito com alimentação por mamadeira. Usar a mamadeira antes dos 4 meses pode ser difícil para a mãe, como se fosse um atestado de seu fracasso, e como se isso fosse trazer prejuízos irreparáveis no estabelecimento do vínculo com o bebê. Esta é mais uma ideia que se torna um peso na maternidade. A mamadeira pode ser uma boa solução em vários casos. É importante que a mãe reconheça seus limites afetivos e práticos (principalmente para as mães que trabalham ou que têm uma família muito numerosa), sem que isso se transforme em culpa ou reprovação.

Oferecer a mamadeira pode realmente deixar de ser um momento de aleitamento, quando a mãe passa a delegar essa função a terceiros, já que sua presença não é imprescindível como no caso do seio. A mãe poderia oferecer a mamadeira com as mesmas condições afetivas nas quais ofereceria o seio, ou seja, num clima de tranquilidade e com muito carinho. Em casos como este, o pai pode também "dar de mamar" (poderíamos falar até em "aleitamento paterno") e oferecer ao bebê tudo de que ele precisa: os nutrientes para o corpo e o alimento (afeto) para a alma.

> **Na prática, o cuidado com o filho concretiza o amor paterno.**

Amor platônico ou por envio de ondas mentais só satisfaz ao pai. O que a criança realmente sente, o que vai de fato fazer diferença para ela, é o contato físico, o abraço, o carinho que toca sua pele.

O bebê requer muitos cuidados. Ele tem ainda um comportamento estilo vegetal. Não consegue fazer nada sozinho. Tem força para sobreviver, mas depende totalmente de alguém que zele por ele: os animais cuidam instintivamente de suas crias, mas os humanos têm de educar seus filhos. Às vezes a mãe sente dificuldade em lidar com a criança. Acha-se incapaz, chora, morre de preocupação. Quando esses sofrimentos começam a prejudicar sua vida, pode estar apresentando um quadro de depressão pós-parto, que é tratado com remédios e psicoterapia e não deixa sequelas. Portanto, se a tristeza for além do esperado, é melhor buscar auxílio médico.

A ROTINA DAS MAMADAS

O BEBÊ JÁ NASCE com capacidade de sucção. Dentro da barriga da mãe, ele é capaz de sugar o polegar. Depois do nascimento, esse é o reflexo responsável pela alimentação. Para mamar, ele deve ser ativo. A mãe lhe oferece o seio, mas quem tem de sugar é ele.

O bebê logo aprende que o momento da mamada é extremamente prazeroso. Ele sacia a fome e ao mesmo tempo recebe o carinho e a atenção da pessoa que é, para ele, todo o seu mundo. Além disso, o ato de sugar lhe dá também um enorme prazer, uma grande tranquilidade.

Quando o bebê chora, está se comunicando. Pode estar com fome, com a fralda suja, sentindo frio ou calor ou simplesmente querendo o aconchego de um colinho. É a mãe que vai ensiná-lo a diferenciar essas sensações. Se a mãe oferece o peito a cada choro do bebê, estará sinalizando que todo desconforto deve ser resolvido daquela maneira, mas, como nem sempre o bebê está com fome, ele começará a usar o peito da mãe para acalmar-se de quaisquer desconfortos.

Por ser a sucção um reflexo familiar desde o útero e por estar associada a um momento de carinho, é natural que o bebê se acalme ao usar o seio da mãe como chupeta, mesmo que a causa do desconforto não seja a fome. É nesse momento que a mãe começa a impor limites, educando o instinto biológico da fome. A mãe deve estabelecer intervalos de mais ou menos 3 horas entre uma mamada e outra e, conforme o bebê for crescendo, se possível, aumentar o intervalo para 4 horas durante o dia e 6 à noite.

Ninguém deve ser massacrado pelo relógio, na tirania das mamadas, nem deixar que o processo corra solto, sem nenhum critério.

Ao estabelecer os intervalos entre as mamadas, a mãe respeita o ritmo biológico do bebê. Assim, aos poucos, ele irá organizando a leitura automática da própria necessidade e aprendendo a lidar com o ciclo fome/saciedade.

Limites devem ser estabelecidos pela mãe também no momento da mamada. Ela não deve esperar que o bebê largue sozinho o seio, porque, mesmo quando já está saciado, ele pode querer permanecer agarrado só pelo prazer de sugar. Muitas vezes a mãe precisa ensinar o bebê a mamar (não a sugar, porque isso ele já sabe); deve ensinar que aquele momento é para alimentar. O carinho, a atenção, o prazer também fazem parte do momento, mas o objetivo daquele instante é a alimentação.

Quando a mãe percebe que o bebê não está mais sugando com eficiência, e ainda não mamou o suficiente, deve estimulá-lo: mexer em seus pezinhos, falar com ele e até mesmo tirar dele uma peça de roupa para evitar que ele se aqueça demais, o que acaba favorecendo o sono durante a mamada.

Além disso, pode fixar um tempo máximo para que ele permaneça no seio. Esse limite o próprio bebê ajudará a estabelecer. Há aqueles que sugam com muita eficiência, e 10 a 15 minutos em cada seio pode ser suficiente; e há os que sugam mais devagar e podem precisar de 25 a 30 minutos em cada seio.

Quando o bebê suga com eficiência, a mãe dificilmente corre o risco de ter rachaduras nos seios. Na maioria dos casos em que a mãe fica com os bicos rachados, e até mesmo feridos, isso ocorre porque o bebê permanece no seio além do tempo necessário para se alimentar e o usa como chupeta.

> **A maior manifestação de saciedade de um bebê é seu sono tranquilo.**

Às vezes, é mais fácil oferecer o peito ou a mamadeira do que investigar a causa do choro. Com o tempo, o próprio bebê aprende a emitir o choro que representa fome. Se for agradado pela boca, pode não superar o problema e querer "comer" a qualquer hora. Atenção: usar a comida para passar o nervosismo pode estar começando já nessas primeiras mamadas!

Um bebê satisfeito é como um instinto saciado: fica dormindo.

PAZ PARA A CRIANÇA DORMIR

A CRIANÇA DEVE TER SEU SONO RESPEITADO. Não é porque o pai ou a mãe chegou da rua que deve ou pode pegá-la. Deve esperar que ela acorde e depois ajudar a cuidar dela enquanto estiver acordada.

Criança não é um brinquedo que os pais "ligam" quando têm vontade (ou para vê-la acordada, já que ficaram o dia todo fora) e "desligam" quando se cansam dela. Essas atitudes tomadas com uma criança com sono prejudicam tremendamente o ritmo do seu sono. Da mesma forma, não há por que acordá-la, pegá-la e passá-la de colo em colo só porque chegou visita, como se os pais quisessem exibir o "brinquedo novo".

É bom que os pais saibam que o bebê se mexe durante o sono, às vezes geme e até acorda, sem estar sofrendo. No entanto, se ninguém correr a pegá-lo, em poucos segundos ele volta a dormir. Portanto, por mais que alguém insista em pegá-la, não vale a pena prejudicar a criança, tomando-a no colo toda vez que ela acorda de madrugada.

Criança que dorme bem é mais feliz porque não sofre com a irritação de ter sono. É também mais independente. Quando chega o sono, ela se entrega e dorme onde estiver, seja num restaurante, seja numa festinha, seja com visitas em casa. Para isso, a criança tem que aprender a dormir sozinha. Não deve cair no sono porque "alguém" canta, embala, dá tapinhas, faz cafuné ou simplesmente fica ali esperando que ela durma. Tudo isso mostra que a criança depende de outra pessoa para dormir. Entretanto, não é correto darmos o nome de insônia infantil a essa resistência, pois 98% delas adquiriram esse mau costume dos adultos à sua volta, que não respeitaram a naturalidade do seu sono[13].

ONDE O BEBÊ DEVE DORMIR?

ESTA É UMA PERGUNTA que ouço muito em minhas palestras. Na cama dos pais? Numa cama separada? Num quarto separado? Sozinho? Acompanhado de um adulto?

Antes de tudo, é preciso fazer um levantamento das condições da família. Quando existe um quarto

---

13 Para saber mais, ler *Nana, nenê*, de Eduard Estivil & Sylvia de Béjar. São Paulo: Martins Fontes, 2004, p. 20 (N.E.).

disponível só para o bebê, é preciso ter certeza de que seja possível perceber o que acontece com o recém-nascido lá dentro. Se as portas ficarem abertas, essa percepção é facilitada. Com a monitoração (transmissão de som e imagens através de aparelhos eletroeletrônicos), as portas podem ficar fechadas.

Mesmo que haja enfermeira, babá ou qualquer outra pessoa que possa dormir no quarto do bebê para atendê-lo, a criança deve pegar no sono sozinha, sem ninguém no quarto, pois a criança que precisa da presença de alguém para dormir irá chamar esse alguém se acordar de noite.

Se o quarto individual não for possível, nada impede que o bebê possa inicialmente dormir no quarto dos pais, mas o ideal, para a melhor formação dele, é que não seja na cama deles. Isso é importante também para o casal.

Mas calma! Não é porque o filho nasceu e se separou do corpo da mãe que tem de se afastar totalmente dela. Nos primeiros meses, para facilitar as mamadas noturnas, é mais prático para a mãe que o bebê fique no quarto dormindo num carrinho, num cestinho ou num berço.

O ideal é que o bebê aprenda desde cedo a dormir em seu lugar, mesmo sendo mais gostoso aninhar-se com os pais.

Crianças maiores que já andam devem ter um lugar (ou quarto) próprio para dormir. Mesmo que muito ocasionalmente adormeçam na cama dos pais, é importante que sejam levadas para a cama onde acordam. Não devem adquirir o hábito de dormir na cama dos pais. O melhor mesmo é que, quase a dormir, sejam levadas ainda acordadas para a cama na qual devem acordar. Enquanto o pai ou a mãe leva a criança, deve ter paciência e falar claro, em bom tom, olhando no fundo dos olhinhos dela: "Cada coisa em seu lugar, cada pessoa na sua cama!". Quando a criança percebe que o limite é sério, ela procura se ajustar.

Ir cada um para sua cama oferece o sentido de que cada um tem seu território. Ajuda a compor o ritual do sono. E é preciso haver regras claras. A organização interna dos filhos fica muito prejudicada com a possibilidade (ou não) de dormir na cama dos pais. Se a criança tiver certeza de que vai ter de dormir na sua cama, que ela não tem escolha, o problema acaba. O berço deve ser um lugar em que a criança aprecia ficar, e não onde "sempre me largam sozinho".

Os pais podem deixar o filho no berço e brincar com ele ali mesmo, ensinando que é um lugar gostoso de estar. Quando o bebê acorda, não deve ser tirado imediatamente dali. Muitas vezes acorda bem, sem choro, mas os pais, por puro hábito, tiram-no logo do berço. Essa atitude acaba ensinando ao filho que berço é um lugar apenas para dormir. Dessa forma, quando ele acorda, começa a chorar para sair imediatamente dali.

Quando o bebê acordar, é importante que a mãe ou o pai se aproxime, fale e brinque com ele, deixe-o movimentar-se dentro do berço, e só então o pegue no colo. Assim, a criança está aprendendo a ser paciente quando acorda e a esperar quando não há ninguém por perto para pegá-la naquele exato momento.

> **A criança com autonomia de sono, que sabe esperar, é mais independente e feliz que uma irritada e ranzinza, que se recusa a dormir.**

ONIPOTÊNCIA INFANTIL PARA NÃO DORMIR

É CADA VEZ MAIOR o número de pais que reclamam que os filhinhos se recusam a dormir. Analisando essas reclamações, notei que o problema maior está nos pais, pois, se estes estabelecem o "ritual do sono", os filhos dormem muito bem. Repetir não custa: o normal para uma criança é dormir sozinha, e o que não é normal é resistir a dormir.

Não era tão comum quanto hoje as crianças do passado terem tantas resistências para dormir; não havia internet, televisão no quarto, as *working-mothers* eram poucas, pais eram mais autoritários e distantes dos filhos, havia mais irmãos, as crianças não tinham tantas atividades e superestimulações e, sobretudo, havia a convicção de que "a noite é para nanar".

São muitas as causas que levam hoje uma criança a não querer dormir sozinha. Mesmo estando com sono, ela acha que tem "o direito" de fazer o que deseja, mesmo contrariando a sua fisiologia. Os pais geralmente alimentam estes "direitos" quando não a contrariam nos desejos inadequados nem a educam para as suas próprias necessidades fisiológicas. Portanto, se não quiser dormir sozinha quando está com sono, a criança demonstra uma falta de educação pela falta de limites à onipotência infantil – sensação da criança de poder controlar os pais, não importa que armas vai usar.

O recurso infantil mais comum é fazer os pais sentirem-se mal por não atenderem aos pedidos dela. É muito difícil para os pais deixar de ceder aos pedidos da criança, principalmente pelo temor de não atender suas reais necessidades. Pode ser fingimento dela, mas... e se for verdade? Surgem, assim, as necessidades mais estapafúrdias e contraditórias: sede, fome, não dormir, chupeta, música, colo, ouvir histórias, calor, frio, fazer xixi, estar com medo, estar assustado, fazer birra, gritar, chorar, choramingar, ter dor de barriga – e a lista continua conforme a criatividade dela.

Quem dá forças a essa manipulação são os pais que tiram a criança do berço para atendê-la. Ou seja, alimenta a onipotência infantil. Nessa fase, ela aprende rapidinho as palavras que escravizam seus pais.

Todas estas necessidades ou vontades passam assim que se pega a criança no colo, que era o seu maior desejo. Os pais autorizam a criança a não dormir quando a tiram do berço. Assim, cada vez mais o filho *se fortalece*, e os pais ficam mais fracos: é ele que acaba mandando na família.

Na realidade, os pais acabam prejudicando a criança outorgando-lhe um poder que ela não tem competência para administrar. Cada vez mais, a criança aumenta seu sofrimento para dormir, e vai acabando com a vida dos pais, não só afetiva, mas também profissionalmente. Porque ninguém consegue manter sua produtividade dormindo cada vez menos e pior.

RITUAL DO SONO

SONO DO DIA

A ausência dos pais geralmente facilita à criança dormir de dia. Alguns cuidados devem ser tomados:

- Ambiente tranquilo dentro do que for possível, não eliminando totalmente a luz nem os ruídos para a criança sentir que é dia.
- Os adultos devem demonstrar tranquilidade, pois as crianças percebem muito mais as emoções deles do que o significado de suas palavras.
- Para qualquer sono (da manhã, da tarde ou da noite), a ansiedade, pressa, preocupação, impaciência dos pais são altamente prejudiciais. (Mil vezes melhor o "apressado" se despedir da criança dizendo que ele vai sair e ela fica para dormir do que ficar a atormentá-la para que ela durma depressa).
- É importante manter a sequência das atividades que precedem o sono: comer, brincar calmamente, verificar a fralda, a hora de dormir, manter o ritmo da casa sem tanto barulho etc. Ao perceber essas atividades, reforçadas com palavras carinhosas ditas tranquilamente, ela já mentaliza que está começando o ritual para dormir.

SONO DA NOITE

São dois os tipos de cuidados a ser tomados: ritual para dormir e despertares noturnos.

A. RITUAL PARA DORMIR:

- É importante ressaltar que a criança sente segurança na repetição, e a tranquilidade dela é absorvida da tranquilidade dos pais.
- Cada família deve adequar o ritual às suas particularidades e possibilidades. Propor-se sacrifícios para que a criança durma é buscar o fracasso. Os pais precisam acreditar que o que estão fazendo é o melhor caminho para todos, e educar dá menos trabalho que ter um filho mal-educado...
- Banho é uma atividade muito importante, agradável e única do dia, que também é relaxante. Para as que ficam agitadas com banho, banho curto nelas. Nada de muita farra, gritaria, brigas, brincadeiras taquicárdicas. Aproveitar para massagear suavemente com a toalha, fazer gracinhas macias.
- Comida: se for possível, é ótimo que tenha sempre um lugar mais tranquilo para as mamadas, mas assim que ela puder sentar, deve-se colocar a criança com os adultos para que todos comam ao mesmo tempo. Podem até conversar com ela, mas não devem desviar a atenção da comida nem transformar a refeição em brincadeira. A criança aprende rapidinho o que os pais não querem, mas demora uma eternidade para aprender o que eles querem.

- Comer no berço nunca é interessante, porém a mamadeira pode fazer parte do ritual para dormir. A educação pede que a criança aprenda que hora de comer é para comer, hora de dormir é para dormir e hora de brincar é para brincar. A regularidade dá segurança para a criança.
- Namoro: é a hora de o adulto dedicar à criança de qualquer idade as doces coisas boas da vida, como cantarolar, ler historinhas, assistir à televisão etc. Tudo para facilitar a chegada do esperado sono.
- *Checklist* do bem-estar: pijaminha confortável, ingestão leve de líquidos e sólidos, fraldas limpas e secas, dentes escovados, banheiro visitado; verificar dificultadores do sono, como luz, som, movimentos etc. Tudo de que precisa para dormir sozinho já está no berço (mamadeira com água, brinquedos preferidos, chupetas espalhadas para serem facilmente encontradas)?
- Relaxar o corpo: um carinho suave, que começa dos ombros para os braços, da barriga para as pernas, anunciado, em voz de "hipnotizador" – lenta, suave e monótona –, um pedaço do corpo de cada vez: "Vamos deixar molinho o ombro, o braço, as mãos, jogando o acordado para fora, e agora deixar molinho o outro braço". "Agora vamos deixar molinhas as pernas, começando por esta, assim, e agora a outra perna. Agora deixe molinhas as orelhas (cuidado para não fazer cócegas e interromper o processo); os cabelos, e por último os olhos (tocando suavemente as pálpebras para se fecharem)". Com as pálpebras fechadas, pousar com os dedos um beijo suave que ele aceite sem ter que se mexer muito.

- Despedir-se da criança e de todos os seus brinquedos que ficarão no berço: bom sono, ou durma com os anjos, ou boa noite, ou qualquer outro cumprimento de palavras para dizer já se afastando do berço. É a senha para o adulto comunicar que já está saindo do quarto para a criança dormir sozinha.

⋮

B. DESPERTARES NOTURNOS:

É importante entender que a criança acorda várias vezes por noite, se mexe, mas nem sempre desperta. Mesmo despertando, tem ela que aprender que deve dormir outra vez. Se nenhum adulto entrar no quarto, ou conversar com ela, ou pegá-la no colo, ela rapidamente dorme outra vez.

Há adultos ansiosos e desorientados que prejudicam o sono, despertando a criança cada vez que ela semiacorda. Prejudicam não só a si mesmos, mas principalmente a criança, que precisará outra vez do ritual para dormir.

PAPAI AJUDA MAMÃE
Cada vez mais tem ficado clara a importância da participação do pai na vida dos filhos, na educação e até na gravidez, mas existe um fato inegável: maternidade é diferente de paternidade. É a mulher que gesta, dá à luz e amamenta, portanto é natural que seu envolvimento na situação acabe sendo maior (e também mais cansativo). Nesse momento a atitude do pai será fazer realmente a parte que lhe cabe.

Um dos grandes problemas da maternidade é a falta de sono da mãe, sua impossibilidade de dormir bem. Quando a criança nasce, sua mãe passa a não dormir direito, o que esgota o cérebro. Daí afloram dificuldades e doenças que deveriam estar protegidas pelo sono, que é o grande reparador do cérebro.

Até por volta do sétimo mês de gravidez, a maioria das mulheres dorme oito ou mais horas por noite, fora as cochiladas durante o dia. Quando a gravidez vai chegando ao fim, grande parte das gestantes passa a ter dificuldades para dormir. Sono não falta, mas não é fácil acomodar-se na cama, encontrar uma posição confortável. Muitas vezes, a ansiedade vai aumentando com a aproximação da data provável do parto, tumultuando as noites de sono. A futura mamãe já está ensaiando para o que virá a seguir. Durante muito tempo não dormirá mais que quatro horas seguidas. Imediatamente após o parto, a mãe fica tão ligada ao bebê que nem dorme direito. Seu sono agora é descontínuo, portanto pouco reparador.

O marido pode colaborar muito com a mulher na difícil fase pós-parto, período que se estende por cerca de seis meses após o nascimento. O apoio e a compreensão são fundamentais tanto para benefício do casal como do bebê. A chegada do bebê traz muitas transformações à vida do casal, principalmente à da mulher – e é normal que isso gere desequilíbrios.

Um argumento muito usado pelo pai não integrado – para não participar nem ajudar a mulher – é que terá de levantar cedo para trabalhar na manhã seguinte. Alguns homens se propõem a dormir na poltrona da sala ou em outro quarto. Isso, no entanto, pouco serve de ajuda à mulher. Outros despertam com o choro do bebê, mas, em vez de levantar-se para atendê-lo, preferem acordar a mulher para que ela mesma vá ver o filho. Um marido não integrado só agrava os problemas da mulher com o bebê. Seu esforço de integração com a mulher é um gesto de amor que a ajuda muito a todos nesse período.

HORA DA PAPINHA

UM DOS PRIMEIROS DESAFIOS DA CRIANÇA com o ambiente acontece quando ela começa a ser alimentada. Enquanto ela apenas mama (ou no seio ou na mamadeira), são os cuidadores que levam o alimento a ela. Agora ela estará diante de um início de aprendizado de um processo que culminará na autonomia para se alimentar.

O ideal seria que o bebê mamasse exclusivamente no seio até o sexto mês e só então fossem introduzidos, aos poucos, a papinha e outros alimentos. Isso porque é a partir do sexto mês que seu aparelho digestivo fica mais maduro, diminuindo o risco de cólicas na introdução de novos alimentos. Infelizmente, amamentar é possível para apenas 30% das mulheres, muitas vezes por razões profissionais, ou por má orientação sobre amamentação.

No começo, a criança não sabe comer. Comer é um de seus primeiros gestos ativos, muito diferente de mamar com mamadeira ou no seio, o que preenche toda a boca. Tudo é estranho para ela: a textura, a temperatura e o sabor. Comer exige da criança um esforço neuropsicomotor que não depende da vontade dela ou da capacidade do adulto, mas sim do seu ritmo de desenvolvimento. Se o adulto que a acompanha nesses momentos a estimular com paciência e insistência, estará favorecendo seu desenvolvimento. Inicialmente a reação instintiva do bebê é tentar sugar a colherinha. Só aos poucos vai descobrindo como funciona o ato de comer. É uma fase de socialização elementar. Ele aprende coisas que mais tarde terá de fazer sozinho.

A grande vantagem de o ser humano nascer sem saber nada é que pode aprender tudo.

Os primeiros professores de um bebê são as pessoas que lhe oferecem cuidados. É com elas que ele cria seus primeiros vínculos. A troca constante de cuidadores gera ansiedade e dificulta a formação de vínculos, que são o caminho por onde passa o amor dos pais. O amor que chega ao bebê já começa a compor uma parte importante de sua autoestima. E um dos principais componentes da felicidade, como sabemos, é a autoestima.

TUDO VAI PARA O CHÃO

O DIA A DIA DO BEBÊ É CHEIO DE SURPRESAS. A cada dia ele aparece com mais uma conquista. Seu desenvolvimento neuropsicomotor vai lhe propiciando novas habilidades, que ele testa com os objetos e as pessoas que o cercam.

Primeiro o bebê segura os objetos, depois movimenta as mãos e rapidamente passa a arremessar os brinquedos para longe. O próximo passo será jogar a comida lá do alto do cadeirão.

Se os pais recolhem tudo o que a criança joga acabam entrando numa brincadeira bastante divertida para o bebê e bastante cansativa para os adultos. Para o bebê, jogar e obter de volta é uma maneira de conhecer o mundo. Faz parte de seu desenvolvimento.

Nas primeiras vezes, a criança não deve levar bronca por jogar a comida no chão, mas também não deve ser estimulada a transformar aquilo num divertido jogo de pais-gandulas. Deve ser explicado que aquele não é um comportamento aceitável.

Quando esse comportamento arremessador não é estimulado, tende a desaparecer com o desenvolvimento. Um de seus primeiros aprendizados em relação à alimentação é: hora de comer não é hora de brincar.

A alimentação deve ser, para a criança, um momento gostoso, mas o prazer deve vir da convivência familiar durante a refeição, e não das brincadeiras com a comida.

Tendo consciência de que esse é um momento do desenvolvimento e não uma tentativa precoce de desafiar ou desobedecer aos pais, eles poderão lidar com essa situação de forma bem mais tranquila. Cansativa com certeza, porém mais tranquila.

O bebê conhece o mundo experimentando, fazendo, testando.

Assim como em diversos outros aspectos, o aprendizado ocorrerá aos poucos. É necessário persistência e paciência.

O INÍCIO DA FORMAÇÃO DA AUTOESTIMA

Para aprender a não jogar a comida, a criança precisa antes aprender o sentido do "não" – o que não acontece de uma hora para outra. As reações dos pais ensinam a criança a distinguir o "sim" do "não". Quando a criança brinca em seu quarto, faz gracinhas, os pais riem e brincam junto. Isso é um "sim". Quando está no cadeirão e tenta fazer o mesmo, os pais devem olhar para ela com expressão séria e dizer "não". Não é uma bronca nem deve soar como se fosse; é apenas um ensinamento. A criança fica muito alegre quando brinca e interage; sua autoestima melhora, é verdade. Mas nem por isso a autoestima diminui ao ouvir um "não".

O "sim" e o "não" estabelecem limites para a criança, que aprende o que pode e o que não pode fazer. O que a prejudica é repreendê-la por algo que ainda não sabia que não podia fazer. Nunca poder fazer algo é ruim, mas poder sempre também não é bom. O "sim" só faz sentido se existe o "não".

Saber a diferença entre "sim" e "não" confere à criança poder de decisão sobre suas escolhas, poder que alimenta sua autoestima. Portanto, nem o "não" nem o "sim" traumatizam a criança, mas o mau uso dessas palavras.

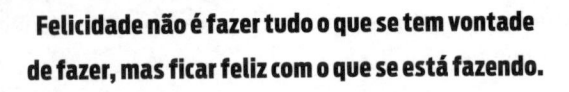

> **Felicidade não é fazer tudo o que se tem vontade de fazer, mas ficar feliz com o que se está fazendo.**

Muitos pais dão alegria, segurança, proteção e saciedade aos filhos, acreditando que assim os tornam felizes. Ninguém dá felicidade a ninguém. Se os filhos acreditarem que são felizes com o que ganham dos pais, estarão confundindo a verdadeira felicidade com a saciedade.

Saciedade é uma satisfação passageira, porque preenche uma vontade, ou uma necessidade, momentaneamente, para logo dar lugar à insatisfação. É o caso da fome, de um brinquedo, da droga ou do consumo da moda, que, mesmo saciados, logo voltam à insaciedade. É a alegria esfuziante e radiante que surge quando se ganha um presente (ou quando se usam drogas); mas, quando a alegria seguinte não vem, a pessoa cai numa furiosa birra – ou em depressão, se não obtiver a próxima dose. Quem tem acessos de birra ou depressão não pode ser feliz.

CAPÍTULO 3

Filhos não nascem com manual

UM DOS ARGUMENTOS a que muitos pais e mães se apegam para justificar a dificuldade de educar os filhos é o de que estes não vêm com manual.

Talvez imaginem que seriam melhores pais e mães se tivessem um manual que lhes indicasse o que deve ser feito com o filho a cada momento. Acredito que ainda não se escreveu tal manual. Afinal, como as particularidades de cada um dos milhões de filhos existentes no mundo poderiam caber em regras preestabelecidas por alguém?

> **Filho não nasce com manual,
> pois é ele o próprio manual.**

Tempos atrás, as pessoas não ligavam um aparelho elétrico enquanto não tivessem lido todo o manual. Os mais ousados se arriscavam a ligar o aparelho, mas já com o manual do lado para ir fazendo tudo o que ele recomendasse. Hoje, é raro um jovem ler todo o manual antes de mexer no telefone celular ou nos videogames por exemplo. Ele aprende a mexer na prática, simplesmente mexendo.

Embora os jovens também aprendam a usar a internet simplesmente utilizando-a, precisam adquirir alguns conhecimentos básicos, como saber o que são e como funcionam e-mails, provedores, *sites*, Orkut®, *blogs*, YouTube®, Second life®, Wikipédia®, Facebook® etc.

Os pais podem compreender muito os próprios filhos relacionando-se com eles. Precisam também adquirir os conhecimentos básicos do relacionamento com os filhos, aprender a linguagem deles. Não é travestir-se de adolescente no comportamento, no vocabulário ou nas vestes, mas é aprender com o diferente.

Quando um jovem está navegando na internet e depara com algo que desconhece, tem a chance de pesquisar. Já os pais, ao serem pegos de surpresa por muitas situações provocadas pelos filhos, não se dão a chance de dizer "espere um pouquinho aí, filho, enquanto pesquiso como agir com você".

Conforme as reações dos pais, os filhos também escrevem o manual de relacionamento com eles – ou seja, todos aprendem pela convivência como cada um é, e isso não está escrito previamente em manual algum.

NOVAS BASES RELACIONAIS

Este procedimento vale para todo relacionamento entre pessoas de qualquer idade, mas tem fundamental importância na formação da autoestima se aplicado pelos pais desde que a criança nasce. Para o Atendimento integral a uma criança, são necessários cinco passos:

- **Parar.** Parar o que estiver fazendo ou pensando e dar atenção total à criança. Caso não possa parar naquele exato momento, vale colocar uma das mãos no ombro da criança enquanto diz que logo vai atendê-la.

A criança deve ficar esperando ali, juntinho de você. Pode ser que ela queira sair para voltar logo depois. Se a iniciativa de sair for da criança, a responsabilidade de voltar será dela. Mas deve-se evitar ao máximo dizer para a criança ocupar-se com outra coisa enquanto você termina o que está fazendo. Nem sempre ela volta outra vez pelo mesmo motivo. É também fundamental deixar de lado ideias preconcebidas sobre o que a criança vai falar. Se você pensa "lá vem aquele chato me encher outra vez!", seu cérebro já está preenchido em parte com esse pensamento e você perde a chance de atendê-la integralmente.

- **Ouvir.** É a parte racional. Os pais devem olhar no fundo dos olhos da criança, como se a ouvissem com os olhos. A criança precisa aprender a se expressar. Não se deve tentar adivinhar o que ela quer. Quando ela pede alguma coisa, está desenvolvendo sua capacidade de pensar, de formular uma pergunta e de se expressar para que outras pessoas possam compreendê-la. Essa competência comunicacional lhe será útil pelo resto da vida.
- **Olhar.** É a parte instintiva. Num piscar de olhos, uma pessoa consegue perceber um universo que agrega significados à fala que chegou.
- **Pensar.** Todos os elementos percebidos, tanto visualmente quanto verbalmente, mais o sentido educativo que se queira imprimir na formação da criança devem fazer parte da resposta a ser dada. É quando entra a parte racional da educação pela Cidadania Familiar. É importante que as ações sejam éticas e direcionadas para o bem, sem fazer mal a ninguém.

Aqui a criança já começa a aprender a não ser totalmente egoísta. O educador tem de estar ciente de que é esse um momento dos mais sagrados em que o educando vai prestar atenção no que ele comunicar verbal ou extraverbalmente. Faz bem à autoestima da criança saber que mereceu todo esse cuidado. Quanto mais ela conseguir realizar seu pedido, mais competente ela vai se sentir – o que aumenta sua autoestima. Portanto, não se deve demonstrar desinteresse, pressa, incômodo de interromper o que estava fazendo. Um atendimento bem-feito vale muito mais do que depois ficar o dia inteiro tentando agradar à criança.

- **Agir.** Essa ação ou resposta deve ser bem clara, objetiva e ética. Avalie se a resposta vai ser melhor para o futuro dela ou é só uma maneira de descartar a criança, ou seja, de alívio do educador.

Pode ser que a mãe e o pai achem muito complicado responder dessa maneira cada vez que seus dois ou três filhos os atropelarem com perguntas. Em palestras, eu brinco dizendo que, quando alguém está aprendendo a escrever, escreve com a língua, isto é, para movimentar a mão que segura o lápis ele mexe a língua simultaneamente ou vai falando em voz alta o que está escrevendo. Depois de muita prática, adquire uma escrita "tão hábil" como a de um médico, ou seja, só o farmacêutico entende... Da mesma forma, quem atende a uma criança tem sua ação integradora aumentada com a prática.

> **Respostas ou ações impulsivas servem mais ao educador que à criança.**

Esse procedimento vai ganhando particularidades ao longo dos anos, as quais comprovam que, por mais filhos que o casal tenha, cada um deles reage e pode ser atendido como filho único.

Um filho não morre por esperar um pouco. Logo, não há necessidade de largar tudo e sair correndo para acudi-lo. A criança será mais imediatista quanto mais imediatistas forem os pais. Nesse caso, não aprende a distinção entre o essencial e o supérfluo.

FILHOS FAZEM *PIT STOP*

DESDE PEQUENINAS AS CRIANÇAS podem ser comparadas a carros de corrida. Vivem correndo em volta ou próximo dos pais e fazem *pit stops* quando precisam abastecer-se de cuidados, carinhos, beijinhos, ser ouvidas, ser vistas etc.

É nos *pit stops* que os pais devem aproveitar para praticar o Atendimento integral e seus cinco passos (p. 134, 135 e 136). O que acontece quando um piloto para no *pit stop* e os mecânicos estão ocupados com outro carro, ou quando o piloto não diz qual é a falha a ser corrigida? E se os mecânicos tiverem que adivinhar o que o carro precisa? Quanto melhor for o atendimento, menos tempo a criança ficará parada no boxe. Com a experiência acumulada, os *pit stops* vão diminuindo na mesma proporção em que aumenta a autoestima da criança. A autoestima e a competência vão sustentá-la cada vez mais, fazendo-a dar voltas cada vez maiores, mais eficientes e mais demoradas.

> **Quanto maiores a autoestima e a capacitação para a superação de obstáculos, maior será a autonomia dos filhos.**

Quanto maior o tempo parado no boxe, maior a encrenca do carro. Quanto mais os filhos solicitam a atenção dos pais, maiores são as carências. Quando os pais não deixam as crianças brincar nem correr em paz como só elas conseguem, é como se não deixassem o carro andar pela pista. Não se admite que um carro de corrida ande somente acompanhado de perto pela oficina e pelos mecânicos.

Com o crescimento, as voltas vão se tornando maiores, até que chega a adolescência e os filhos passam a circular em território próprio. Os pais não acompanham mais os próximos percursos, e quem os atende nos *pit stops* é a sociedade. Ela não dá perdão aos perdedores, aos que não dão o melhor de si, aos que não fazem mais do que lhes é pedido. A estes, os *pit stops* são sedutores para atraí-los, mas cruéis para libertá-los.

Quanto melhor for a autoestima e a educação, menos os filhos aceitarão parar nesses *pit stops* ruins para a qualidade de vida.

O DESAFIO DE EDUCAR

EDUCAR NÃO É DEIXAR a criança fazer só o que quer (ou seja, buscar a saciedade). Educar dá mais trabalho do que simplesmente cuidar porque é preparar para a vida. A vida da criança é regida pela vontade de brincar, de fazer algo. A cada movimento, está descobrindo a vida e os valores, num processo natural de aprendizagem.

Construir uma casa é muito mais fácil do que reformá-la. Reformar, no caso de um filho, seria o mesmo que sempre dizer "não" para algo que ele já fez muitas vezes. O melhor é ensinar aos poucos.

Quando quer fazer alguma coisa, a criança observa a reação dos pais; se ouvir um "não", insiste. Quer testar se o que dizem é mesmo para valer – até incorporar a regra. Leva algum tempo, mas ela aprende. Então aquele critério de valor passa a fazer parte dela.

É interessante notar como desde tenra idade a simples repressão já não funciona. É preciso estabelecer uma diferença ao incentivar o comportamento certo. A simples aprovação é uma recompensa para a criança, como o silêncio é uma permissão.

Quando já adquiriu movimentos próprios, a criança precisa aprender o que pode e o que não pode fazer. Ao caminhar, tem de saber que convém desviar-se da mesa e da cadeira.

E, quando a criança cair no chão, os adultos não precisam sair correndo, desesperados para socorrê-la, a menos que se machuque seriamente. É importante avaliar o que aconteceu de fato. Por estranhar a situação, a criança pode chorar sem nem mesmo estar sentindo dor. Use o método pare, escute, olhe, pense e aja!

E pode nem ter sido um tombo. Crianças pequenas costumam cair por não saber parar. Ficam de pé, andam, disparam, mas não sabem brecar. Então, jogam-se no chão para parar. E a mãe e o pai correm a acudir, pensando que foi uma queda perigosa.

Elas têm de aprender que podiam não ter caído ou esbarrado na mesa. Não foi o chão nem a mesa que as derrubou. O tapinha que os pais dão na mesa – "Mesa feia!" – passa a ideia equivocada de que o agrado é que tira a dor, e dá a falsa sensação de que a criança está certa. O filho está sempre certo, e o errado é o outro, a mesa, o professor, o mundo?

A afobação e a reação exagerada dos pais geram insegurança na criança.

Também não é educativo que se limpe o caminho da criança, tirando as mesas, cadeiras e tudo o que for preciso para que ela não se machuque. Talvez ela se choque uma ou duas vezes contra a mesa, mas aprenderá a ter cuidado.

Nas voltinhas futuras e maiores que os filhos vão dar, na escola por exemplo, os pais não poderão dizer "escola feia!" cada vez que eles não se saírem bem. Na adolescência, as voltinhas sociais serão ainda maiores, longe da vista dos pais, que não poderão dizer que "os errados são suas más companhias". Quando seus *pit stops* em casa já não lhes satisfizerem, os filhos farão paradas em outros lugares. Então dependerão muito mais do que têm dentro de si e do que a sociedade lhes oferece.

TUDO VAI À BOCA

Assim que nasce, o bebê recebe a vida biológica pela boca e o carinho pelo corpo. Quando começa a demonstrar mais iniciativa e perceber o mundo em volta, passa a esticar os braços em direção ao que deseja. O próximo passo será levar o que deseja à boca, que, durante o primeiro ano, continua sendo um de seus principais meios de conhecer o mundo.

Se o bebê não gosta do sabor de algum objeto que põe na boca, na próxima vez já o identifica como algo ruim e o rejeita mesmo que a mãe insista. Ele está adquirindo um tipo de conhecimento a ser respeitado.

Quando começa a engatinhar, aumenta seu alcance ao mundo, aumentando também as chances de colocar na boca tudo o que encontra pela frente. É importante que os pais fiquem atentos. Se o bebê pôs na boca algo que não devia (bichinhos, insetinhos, madeirinhas, pilhas, tampinhas, preguinhos e tantos "inhos" mais que ele conseguir), os pais devem ser firmes, mas não bravos nem violentos, ao dizer "Caca!". Em seguida, devem pegar o objeto perigoso e jogá-lo no lixo. Assim, o bebê está não só aprendendo a não pôr "caca" na boca mas também a jogá-la no lixo.

REIS E RAINHAS MIRINS

A vontade de agradar a uma criança é natural. Ocorre em quase todas as espécies animais. Nasce um filhotinho, e todo o bando corre a dar uma cheirada. Gente é mais curiosa ainda. Gosta de pegar, agradar, brincar, cutucar.

Mas há uma diferença básica entre os outros seres humanos e os pais. Estes têm de saber se o que estão fazendo é educativo ou não. Não costuma ser nada fácil para um pai ou uma mãe receber críticas de outras pessoas sobre o modo como educa os filhos. Mas, se costumam atender todas as vontades da criança, ela provavelmente agirá de acordo com as suas vontades, qualquer que seja o contexto.

Nessas situações, os pais acabam recebendo críticas silenciosas através de olhares recriminadores e comentários do tipo: "Ai, que criança mal-educada!". Em geral esses olhares vêm daqueles que não têm filhos pequenos no momento e que, se um dia os tiveram, parece então que nunca passaram por situações constrangedoras com os filhos. Mesmo as crianças mais educadas tentam impor suas vontades, mas apenas as mal-educadas mantêm esse comportamento.

Há pais que se orgulham do que o filho faz, não importa o que seja. Se ele resiste ao "não", chegam a manifestar uma ponta de orgulho: "Esse garoto tem personalidade! Vai ser um verdadeiro líder!".

Alguns pais preferem distorcer a realidade para manter a inadequação do filho. Para poupá-lo, jogam a culpa nos outros.

Se o filho caiu, deveria ter tomado mais cuidado. Mas não, para certo tipo de pai o chão é que estava escorregadio (o que pode até ser verdade, mas é o filho que deve ser cuidadoso e não o chão).

Os pais devem prestar atenção às suas reações, pois o filho provavelmente irá copiá-las. Assim, se entram em pânico porque o filho de 1 ano caiu sentado, quando ele cair outra vez poderá chorar. Mas, se os pais encararem naturalmente o ato de cair sentado, na próxima vez que cair, o filho poderá levantar-se sozinho e continuar sua "corrida".

Em situações de briga entre irmãos, há pais que fingem bater no maior para que o menor tenha a sensação de que foi vingado. Essa é uma das maneiras de perpetuar a violência com a lei do mais forte, com o machismo.

Futuramente, esses pais que alimentam a inadequação dos filhos dirão ao diretor da escola: "Mas qual é o problema de o meu filho não usar uniforme?" ou: "Qual é o problema de ele chegar atrasado todo dia se tira notas boas?". Nessa frase fica implícita a mensagem: "Quem tem dinheiro pode tudo", o que não deixa de ser também a lei do mais forte (no caso, o mais endinheirado).

Infelizmente, esse tipo de pai tenta mudar a escola para que ela também aceite a inadequação de seus filhos. Filhos que eles, pais, não souberam educar. Como podem mudar algo no âmbito social quando os filhos estão assim tão fora de seu alcance?

Mas pagarão o preço. Pelo ciclo natural da vida, os pais jovens são poderosos. Amanhã, fragilizados pela velhice, vão depender desses filhos que nunca aceitaram as regras da vida. Terão os filhos condições de cuidar dos próprios pais que tanto cuidaram deles?

PAIS QUE DEIXAM O FILHO GANHAR O JOGO

AS CRIANÇAS TÊM UMA SABEDORIA NATURAL. Brincam e competem de acordo com os conhecimentos e as capacitações de que dispõem.

Ao jogar com os filhos, alguns pais deixam que os filhos vençam ou facilitam as regras. Esta atitude pode parecer protetora, mas dá à criança uma visão irreal do que é jogar. Ganha-se algumas vezes, perde-se outras.

Deixar que o filho vença sempre é também uma forma de evitar a frustração. Os pais podem ter dificuldade em ver o filho frustrado, sofrer com isso, ou podem não saber lidar com a reação que o filho costuma ter diante das frustrações. Além de distorcer a realidade, os pais estão perdendo uma importante oportunidade de trabalhar com os filhos uma questão fundamental para seu desenvolvimento, a resiliência, que é a capacidade de lidar com as frustrações sem se desestruturar psicologicamente.

Para ensinar a noção real, o perder e o ganhar, é aconselhável que os pais escolham ora atividades em que são bons, ora atividades em que o filho é melhor. O pai joga damas como ninguém. E o filho sai perdendo. Parabéns para o pai! Num videogame, o filho ganha e o pai perde. Parabéns para o filho! Assim se aprende que as pessoas são boas em algumas coisas, mas não em tudo.

Algumas mães e alguns pais fazem de tudo para agradar a seus filhos, mesmo que, com isso, os deseduquem.

Colocar o filho no colo enquanto dirigem o carro é um mau exemplo. A criança segura o volante e tem a falsa sensação de que está no comando do veículo. Este é um poder irreal. Não corresponde à verdade. Além disso, esses pais estão infringindo a lei, ensinando isso à criança mesmo que não tenham essa intenção.

Se ela dirige um carrinho de brinquedo, sente-se poderosa com toda a razão, mas no colo dos pais a sensação de poder é falsa, pois dirigir ainda é inviável para o filho. Além disso, os pais estão expondo a criança a um sério risco, caso haja um choque frontal, no qual a criança pode ser esmagada entre o pai e o volante ou ser espremida pelo *air bag*. Acidentes são imprevisíveis e nem sempre dependem dos cuidados dos pais. Pesquisas mostram que uma porcentagem enorme de acidentes (e assaltos) acontecem perto de casa, quando o motorista está menos alerta porque se sente mais seguro.

Esse filho, que começou a "dirigir" tão cedo no colo dos pais, irá crescer e com 14 ou 15 anos pedirá para sair com o carro do pai. Por que não, se quando criança podia?

O PRAZER DE ESTAR LIMPINHO...
É MUITO COMUM MÃES E PAIS comentarem a dificuldade de fazer o filho escovar os dentes ou tomar banho. As

crianças sentem grande prazer de entrar em contato com a água. Os pais devem usar essa característica para estimular o banho e mostrar como é gostoso ficar limpinho.

Por ser obrigatório e diário, o banho não deve tornar-se chato. Se a pessoa que dá banho o faz com pressa, por pura obrigação, certamente a criança não achará esse momento prazeroso.

Se a criança é maior e já encara o banho com maus olhos, os pais deverão se dedicar um pouco a esse assunto. No fim de semana ou nas férias, com tempo e paciência, devem mostrar como o banho pode ser um momento agradável. Ensinar isso ao filho num momento de pressa, quando o pai ou a mãe já está em cima da hora de ir trabalhar, é praticamente impossível. Depois que o banho for visto como algo agradável, será mais fácil ensinar o "banho corrido de cada dia".

> **Muito educativo é ensinar a criança a tomar o "banho corrido de cada dia" e um "banho comprido no fim de semana".**

Um momento importante é aprender a tomar banho sozinho, o que pode começar por volta dos 3 anos de idade. Nesse momento, mais do que nunca, é necessário ter paciência e tranquilidade. É muito mais fácil dar banho numa criança do que ensiná-la a tomar banho sozinha. Os passos serão dados aos poucos e só depois de alguns anos é que ela poderá tomar banho realmente sozinha (mas ainda com supervisão de um adulto).

A criança fica satisfeita quando consegue tomar banho sozinha. É importante dar-lhe liberdade de se ensaboar e apenas ir guiando seus passos: "Não esqueça atrás da orelha... Limpou a sola dos pés?".

É também preciso estabelecer um prazo no chuveiro. Do contrário, o filho só fica brincando e não toma banho. Não dá para decretar: "Agora chega; saia e ponto final". Facilita muito quando o adulto avisa alguns minutos antes de o tempo se esgotar. Ao entrar no banheiro para tirá-lo do banho, dê ainda alguns segundos para que ele finalize o que está fazendo (contando até 3, por exemplo, não como ameaça, mas como segundos a mais).

O limite de tempo é importante. O filho terá que aprender que há o prazeroso do banho (brincar) e o necessário (lavar-se), que pode ou não ser prazeroso para ele. O necessário é prioritário, o lazer do banho virá se for possível.

...E COM OS DENTES BRANQUINHOS!

COM RELAÇÃO À LIMPEZA DOS DENTES, o procedimento pode ser o mesmo: ensinar a criança desde cedo a ter esse hábito saudável. Existem mães que se mostram ótimas "escovadeiras" até o filho completar 20 aninhos. Há as que fazem verdadeiras faxinas cada vez que a criança come alguma coisa. Mas as menos educativas são aquelas que fazem as faxinas apenas no dia de visita ao dentista.

Desde pequenos, a mãe e o pai devem ir mostrando como usar a escova e também o fio dental. Antes dos 5 ou 6 anos, será difícil para a criança fazer tudo sozinha porque não tem a coordenação motora para fazer bem-feito. Mas já pode começar a aprender. É escovando os dentes sozinha que ela aprende. Quem sabe escovar aprendeu escovando. A escovação noturna, que costuma ser a principal, aquela à qual os pais costumam estar presentes, pode ser dividida em duas etapas: na primeira a criança escova da melhor maneira que consegue, e na segunda o pai ou a mãe dá o acabamento. É importante ressaltar para o filho que os pais fazem a segunda etapa sempre; não é porque o filho não seja capaz de fazê-la, ele faz o que pode para a sua idade, mas que problemas com os dentes podem ter consequências dolorosas e para a vida toda; então "melhor prevenir do que remediar".

Quanto mais paciência os pais tiverem para ensinar, maiores serão os lucros, pois a criança responde desenvolvendo o gosto de ter os dentes limpos.

Dizer simplesmente "se você não escovar os dentes, vai ter cáries" não funciona. Ainda não estão claras na cabeça da criança as relações de causa e efeito. E, sobretudo, não se deve usar essa afirmação para que o filho decida por si mesmo se vai querer ou não escovar. Ele ainda é pequeno demais para entender as consequências desse tipo de ação e arcar com elas. Cabe às mães e aos pais organizarem sua rotina.

Às vezes as crianças fazem coisas para agradar aos pais. É uma direção a seguir, um estímulo para fazer a coisa certa. O que não se pode é deixar as obrigações a cargo da vontade dos baixinhos, porque um dia eles vão querer escovar os dentes, outro não...

De modo geral, se o adulto escova os próprios dentes diante da criança, ela escova também: agora para baixo, agora para cima, brincando. Junto com o ato lúdico vem o aprendizado. Se ficar chato, é natural que a criança se recuse a fazê-lo. Ela é ainda pequena e tende a fazer apenas aquilo que lhe dá prazer. Se a criança não vir o pai escovar os próprios dentes e usar o fio dental, fica difícil convencê-la a fazê-lo. Sempre temos a possibilidade de dar um tom de brincadeira a hábitos que são obrigatórios.

PAIS COMO ELEFANTES EM LOJA DE CRISTAIS

BEBÊS E CRIANÇAS PEQUENAS já "dizem" o que se passa com eles. Mãe e pai precisam "ouvi-los", para poder dialogar com eles. Se a expressão do filho mudou de repente, isso significa que algo o atingiu, mesmo que isso não fosse a intenção dos educadores.

A psique humana é como uma loja de cristais caríssimos. E mãe e pai às vezes se comportam como elefantes nessa loja. O barulho, a quebradeira, o estrago ocorrido são percebidos pela alteração súbita da expressão da criança.

Os pais, porém, podem ficar sossegados, pois não é qualquer motivo que destrói a loja inteira. E nem tudo o que foi destruído é irrecuperável.

> **As crianças dão muitas oportunidades para os pais errarem, mas as oportunidades para acertarem são maiores.**

O medo de errar pode paralisar o elefante. Não há pais que queiram errar com os filhos, pelo contrário. Por medo de errar é que acabam errando, pois não estabelecem limites. Só um erro não traumatiza o educando. O que distorce a educação é os pais frequentemente deixarem de agir quando necessário. Mas a vida oferece muitas oportunidades de compensar o prejuízo.

CAPÍTULO 4
Situações críticas

Muito envolvidos com o trabalho e as obrigações diárias, mãe e pai às vezes perdem o fio da meada educativa. E se surpreendem com ações e reações inesperadas dos filhos, que podem começar com quase nada e chegar a proporções catastróficas.

Situações críticas são as grandes dificuldades que podem surgir concentradas em curto período de tempo.

Na realidade, ocorrem várias pequenas situações que vão se desenvolvendo e se transformando em dificuldades. A família se acomoda e absorve tais dificuldades pelo anestesiante convívio cotidiano. Como em qualquer outro meio, dificuldades simplesmente acomodadas e não resolvidas vão se acumulando sob o tapete da rotina.

Tudo o que se acumula um belo dia transborda. É a famosa gota que faz entornar a água. O que sai do copo não é somente a gota final, mas toda a água até então acumulada.

Numa família não é diferente. Não é a última prova do ano que reprova o aluno. Desde as primeiras provas, o inteligente mas folgado filhinho vai deixando para estudar nos últimos instantes e acaba mal.

Repete esse mesmo esquema em outras provas e no final do ano já não há tempo para recuperação. O mesmo ocorre com os primeiros "nãos" que o danado do filhinho não ouve. Depois não atende ao que lhe é pedido. Ele ganha um apelido, velada ou declaradamente, e tudo vai se acomodando: "Afinal é um folgado, não tem jeito mesmo!".

Essa folga é a semente da delinquência...

As dificuldades podem ser resolvidas muito facilmente enquanto são pequenas. Tais resoluções são mais que necessárias para uma família viver feliz. Entretanto, sejam quais forem as situações críticas, sempre pode existir uma forma diferente de enfrentá-las para buscar melhor solução.

A CHEGADA DE UM IRMÃO

As crianças têm de participar da chegada de um irmão. O nascimento de uma criança numa família que já tem filhos é um acontecimento familiar e não do casal. Toda a dinâmica familiar será alterada.

Mesmo que os pais não contem que um irmão está a caminho, o filho percebe algo diferente no ar. Quando a criança percebe uma coisa que é real, mas não confirmada pelos pais (mesmo que seja para protegê-la) essa atitude pode ter consequências significativas para seu desenvolvimento. Ele pode questionar a sua percepção da realidade ou começar a criar fantasias que podem gerar muito mais angústia do que a situação real geraria. Sendo deixado de fora, em aparente inocência feliz, sente-se traído e enganado.

É melhor enfrentar a situação e ir ajustando as coisas com o tempo. Um bom preparo antes do nascimento alimenta o carinho pelo irmão depois e diminui a ansiedade no momento de sua chegada.

Todas as mudanças devem ser feitas, de preferência, antes de o bebê chegar. Por exemplo: tirar a chupeta, mudar de berço ou de quarto, passar a ir à escola. Desse modo, o filho maior não associa os fatos à chegada do bebê. Não pensa: "Tive que abandonar meu reinado tomado por outro...". Se o primeiro filho for muito novo para tais mudanças, deve-se esperar que ele esteja adaptado à chegada do irmão para então fazê-las, mesmo que passe um pouco da idade esperada para novas conquistas.

Os comentários típicos não ajudam nada: "Nossa, como você é grande. Não precisa mais de chupeta. Olhe como seu irmão é pequenino!".

O mais velho não deve privar-se de seus hábitos pela chegada do irmão, a não ser que estes sejam muito prejudiciais ao novo bebê.

Uma boa maneira de facilitar a aceitação do irmão é dizer que os presentes que eles, pais, estão dando foram mandados pelo irmão que acabou de nascer. Não é uma questão de conquistar com presentes, mas de o irmão fazer uma associação concreta de que o bebê traz coisas boas para ele também, já que as perdas ficarão claras rapidamente, quando ele tiver a atenção dos pais dividida, por exemplo.

Sentindo-se garantido em seu território, o mais velho não hostiliza o mais novo nem o encara como ameaça.

Os pais podem ensinar o mais velho a pegar o irmãozinho no colo, mostrando-lhe os cuidados necessários que tem de ter, lembrando sempre que crianças não têm o bom-senso dos adultos para saber como agir diante da fragilidade dos pequeninos bebês. É importante, porém, que ele ajude um pouco a cuidar do menor. Pode-se pedir ajuda naquilo em que ele realmente for capaz de ajudar – como abrir e fechar a pomada, lavar os pezinhos, passar a pomada no bumbum. Se pedirem ajuda para situações difíceis, os pais podem manifestar certa insatisfação ou excluí-lo dizendo "deixa que eu mesmo faço", o que seria muito ruim para a criança que está também aprendendo a ser um irmão.

CADA FILHO É ÚNICO!

O GRANDE SONHO DOS PAIS é que os filhos sejam felizes e unidos como unha e carne. Muitos acreditam que esse sonho se realizará caso não privem nenhum filho de nada, isto é, tudo o que dão para um filho sentem-se obrigados a dar, igualzinho, também para os outros.

Entretanto, ninguém gosta de ser exatamente igual a ninguém. Para marcar as diferenças, os irmãos vão se engalfinhar: é unha de um na carne do outro.

É também importante saber que nem tudo o que aconteceu com o primeiro acontecerá com o segundo. Logo, o que foi bom para o maior talvez não sirva para o menor.

Mesmo nascidos do mesmo pai e da mesma mãe, os filhos nunca são iguais; além das diferenças genéticas, físicas e cromossômicas, a disponibilidade do casal e a disposição da família são diferentes conforme a idade e as etapas de vida.

> **Cada um dos filhos deve ser tratado como se fosse único.**

Os pais facilitam muito o convívio entre irmãos quando conseguem resistir à tentação de compará-los. Em geral, a comparação é lamentável. Sempre um sai ganhando e os outros perdendo. Os elogios serão bem-vindos para alguns filhos, se não causarem constrangimento nos demais.

UM ÚNICO FILHO

ATUALMENTE, HÁ MAIS DE 7 milhões de filhos únicos no Brasil. Por isso, a dinâmica interna das famílias brasileiras tem mudado bastante. Os pais que trabalham fora já não convivem tanto tempo com o filho. No pouco tempo em que estão juntos, querem agradar-lhe. "Já passamos tanto tempo longe e quando estamos juntos ainda vamos pegar no pé dele?". Esse é o pensamento de *compensação* da maioria dos pais. Dessa forma, os pais se tornam muito mais recreativos do que educativos.

O que o filho único recebe sozinho – de bom e de mau – seria normalmente repartido com os demais irmãos, caso existissem. Tal situação se amplifica quando o filho único também é o neto único de quatro avós vivos.

Em casos assim, poderão surgir muitas dificuldades: a criança pode tornar-se supermimada e superdependente, transformar-se no centro das atenções, querer tudo para si, achar que os outros estão ali para servi-lo, só querer comer porcaria, não estabelecer rotina para nada, ser incapaz de superar dificuldades sozinho, chorar, gritar, agredir, embirrar quando contrariado, agir por impulso, querer sempre ter razão etc.

Mesmo que os pais disponham de muito dinheiro, não devem dar a esse filho, único ou não, uma mesada astronômica. O que os pais dão aos filhos deve ser guiado pelas necessidades de cada um deles e não pelo poder econômico dos pais.

> **É muito mais fácil dar dinheiro que educar, mas o feliz sorriso de uma criança não se compra...**

Dois adultos que trabalham para dar tudo a um só filho podem facilmente cair no exagero, atrapalhando a educação da criança. Nada gratifica mais os pais que provocar no filho um sorriso de satisfação. Têm a impressão de estar fazendo o filho feliz, porém uma criança que é diariamente atropelada por presentes dificilmente conseguirá ser feliz, pois, ao contrário do que parece, ela não está sendo atendida naquilo de que precisa.

Ela poderá se tornar uma "obesa" de brinquedos. Fica estimulada por uma fome de brinquedos nessa idade e, mais tarde, sentirá fome de outras coisas. E o exagero não se restringe a bens materiais.

CRIANÇAS HIPERATIVAS

MUITAS CRIANÇAS E ADOLESCENTES mal-educados estão tomando cloridrato de metilfenidato (Ritalina®), medicamento que se destina ao tratamento do distúrbio de déficit de atenção e hiperatividade (DDAH). É essa uma disfunção psiconeurológica que provoca dificuldades de concentração, "viver no mundo da lua" (déficit de atenção), "não parar quieta (hiperatividade). Descrito há apenas poucos anos, esse distúrbio foi por muito tempo menosprezado e malconduzido.

Agora, no entanto, está havendo exageros e confusões a esse respeito[14]. A Ritalina® não atua sobre mal--educados. Ainda assim, diagnósticos apressados e equivocados têm feito pessoas mal-educadas ficarem à vontade para continuar mal-educadas sob o pretexto de que estão dominadas pelo DDAH. O fato de serem consideradas "diferentes" facilita a aceitação de seu comportamento impróprio. Portanto, antes de os pais lidarem com o filho como apenas um mal--educado ou como apenas um portador de DDAH, é importante que consultem um médico e recebam a orientação correta.

Tanto o portador de DDAH como o mal-educado são irritáveis por falta da capacidade de esperar. (E a espera é desenvolvida pelo exercício.) Ambos os tipos são instáveis. Ora estão bem, ora estão mal.

O portador de DDAH costuma ser impulsivo dada a falta de capacidade de se controlar. Está sempre

---

14 Para saber mais, ler *Mentes inquietas*, de Ana Beatriz B. Silva. São Paulo: Gente, 2004 (N.E.).

tentando fazer outras atividades diferentes das pedidas e só consegue manter o foco em algum assunto quando se sente emocionalmente envolvido e interessado por ele.

Os jovens com esse distúrbio podem também ser agressivos. Em vez de reagirem adequadamente, é mais fácil para eles liberar a agressão, um dos primeiros mecanismos de defesa do ser humano.

Observe alguns dos principais sintomas presentes no portador de DDAH:

- Distrair-se com "pensamentos internos" e cometer muitos erros por pura distração (ortografia, acentuação, pontuação etc.).
- Responder antes que acabem de fazer a pergunta.
- Não ler a pergunta até o fim.
- Esquecimentos em geral, de material escolar, recados, estudos feitos na véspera etc.
- Não esperar a vez de ser chamado.
- Interromper a fala dos outros.
- Agir antes de pensar.
- Desanimar-se com facilidade.
- Tirar frequentes notas baixas apesar da inteligência.
- Falar bastante, em sequência ou não, um assunto puxando outro, quase sem ouvir as outras pessoas – o que o faz perder o foco inicial da conversa.
- Permanecer muito tempo ligado ao que lhe interessa e desligar-se do que não lhe interessa.
- Levantar várias vezes durante uma refeição.
- Fazer duas ou mais atividades ao mesmo tempo.
- Ter dois ou mais pensamentos ao mesmo tempo.

- Viver tamborilando os dedos das mãos.
- Bastar sentar para as pernas se sacudirem.
- Mesmo dormindo pode ter "pernas inquietas".
- Acordar de ponta-cabeça, com as roupas de cama reviradas.
- Acordar eufórico, querendo resolver "tudo" naquele dia, mas acabar vencido pela preguiça.
- Tentar pôr em execução uma ideia, fazer projetos mirabolantes, mas logo desistir com os primeiros obstáculos por não suportar frustrações e decepções. Esse entusiasmo é conhecido como "fogo de palha", pois logo acaba.
- Geralmente inteligentes, acabam prejudicados pelo seu desgaste.
- Apresentar hiperfoco – concentração exagerada em um único tema por um longo tempo (isolando-se do mundo a ponto de nem escutar chamados de outras pessoas).

⋮

Quanto maior o número de sintomas e o tempo de permanência deles, tanto mais se configura a presença de DDAH. Muitos destes sinais podem aparecer isoladamente ou em conjunto também nos mal-educados.

Há, porém, diferenças notáveis entre um portador de DDAH e um mero mal-educado. O portador de DDAH continua agitado diante de situações novas, isto é, não consegue controlar seus sintomas. Já o mal-educado primeiro avalia bem o terreno e manipula situações, buscando obter vantagens sobre os outros.

CRIANÇAS MAL-EDUCADAS

É muito oportuno fazer distinções entre crianças hiperativas e mal-educadas. A mais evidente diferença entre elas é que a criança hiperativa não consegue controlar sua hiperatividade. A mal-educada se agita somente quando contrariada, ou quando quer algum "presente", e fica absolutamente tranquila quando está sozinha. Outro sinal importante do hiperativo é o hiperfoco – a criança fica concentrada por muito tempo naquilo de que gosta, apesar de agitada. Geralmente as crianças mal-educadas, por sua vez, cansam-se facilmente de todas as atividades.

Há, porém, situações tão próximas entre os dois tipos de criança que é necessária a ajuda de um profissional especializado.

INTERMINÁVEIS PORQUÊS

Criança pergunta quando quer saber? Nem sempre! Portanto, é importante que a mãe ou o pai explique sempre que possível. Mas, se as perguntas continuam, das duas uma, ou os pais são maus explicadores ou estão respondendo só com palavras quando deveriam agir.

> **Um dos motivos das perguntas infindáveis é o filho perceber que vai conseguir o que quer, desde que ignore as respostas e insista em perguntar "por quê?".**

Perguntar já é uma ação. Pouco importa a resposta. Os olhos estão irritados, não curiosos. A intenção é vencer o adulto pelo cansaço: "Vou cansá-lo até você deixar que eu faça o que quero", pensa ele. Forma-se um cenário de esgrima. A mãe acha que não foi "atingida" e teima no diálogo.

Se o filho está agindo através da fala, de nada adianta ficar respondendo só com palavras. É preciso que o educador também aja, mesmo que fale simultaneamente.

Uma ação que funciona bastante é o educador decretar: "Filho, você só tem direito a mais uma pergunta". Pare, escute, veja, pense e responda. Depois vire as costas e vá embora, encerrando a questão. A saída do educador é, assim, uma *ação* que diz: "Basta! Não vou mais ouvir você!". Se o educador-pai permanece no lugar, seus ouvidos estão abertos às cutucadas do filho. Assim, sair do local significa tapar os ouvidos.

Ação se responde com ação; palavras, com palavras.

Em geral, alguns pais não conseguem estabelecer os limites necessários a uma boa educação. Talvez porque no fundo queiram dizer "sim". Nesse caso, o "não" equivale a um "insista mais e mais que você consegue". É um "não" parecido com o que a namorada, sem sair do lugar, diz ao namorado, quando ele tenta avançar o sinal. É um "não" que diz "continue avançando".

Contrariar adequadamente uma criança não a faz infeliz. Estabelece o necessário limite para viver bem.

LÁGRIMAS DE CROCODILO

Há DOIS TIPOS DE CHORO: o que expressa dor e o que busca poder. Se o filho descobrir que pode usar o choro como fonte de poder, os pais estão perdidos. Nunca mais saberão dizer se ele chora por dor ou poder.

Uma telenovela mostrou muito bem esse artifício. A criança ficava vigiando a porta para perceber a hora em que o adulto entraria no quarto e então se punha a chorar. Um choro de poder. Necessitava dos olhos e dos ouvidos de quem ela queria dominar. A criança usa um choro alto, escandaloso a ponto de mobilizar seu público-alvo.

Ingênua, a criança que usa o choro como ferramenta de poder para imediatamente após conseguir o que quer. Daí a importância de os pais ficarem atentos para não serem manipulados.

⋮

Em Paris, no Aeroporto Charles de Gaulle, notei um menino de cerca de 4 anos chorando escandalosamente ao lado da mãe. A irmã, de uns 3 anos, estava tranquila, sentada sobre as malas no carrinho. O pai aguardava perto da esteira a chegada de mais bagagem. A mãe, então, tirou a menina de cima das malas e pôs o menino no lugar dela. No mesmo instante, ele parou de chorar, enquanto ela abria o maior berreiro. Reparei que o menino olhava para a menina com um ar de vencedor, o que aumentava o choro dela. Quando o pai chegou, deu uma bronca nas duas crianças, mas nada mudou. A competição continuou até que a mãe pôs no chão as duas, que saíram do aeroporto choramingando.

⋮

Uma cena ocorrida em outro país, com pessoas de outro povo – pareciam argelinas –, mostra que o mecanismo de choro/poder é universal. A situação poderia, claro, ter acontecido em qualquer outra parte do mundo. Esse tipo de choro apela para a visão do "coitadinho" e inspira ternura. É o domínio pela chantagem afetiva.

É difícil neutralizar o uso do choro como arma. Pai e mãe têm de entender que um pouco de dor não matará a criança, assim como um pouco de poder não matará os pais. Só há um jeito de aprender o equilíbrio: acertando e errando.

A insegurança paterna/materna faz com que os filhos se sintam no banco traseiro de um automóvel cujo motorista pergunta o tempo todo se a velocidade está boa, se deve virar à esquerda ou à direita, se ultrapassa outros veículos ou não...

PEGA NA MENTIRA

CADA VEZ MAIS OS PAIS têm estado distante dos filhos, que por sua vez estão já ocupados com escolinhas desde os 2 anos de idade. Assim, os filhos têm outras fontes de convivência e também aprendem com elas, não mais somente com os pais.

Além de estar, cada vez mais, fisicamente longe, menos se conhece a pessoa com quem se convive. Os pais geralmente não conhecem as atividades dos filhos a não ser pelos relatórios escolares e relatos verbais das pessoas que ficam com eles.

É importante que os pais encontrem um meio para diminuir essa distância. "De tanto repetir, a mentira passa a ser verdade", diz o jargão popular.

Às perguntas dos pais basta o filho dar sempre a mesma resposta, e depois se irritar e gritar, até mesmo se ofender: "Já lhe disse como foi...". Os pais ficam constrangidos em insistir e acabam usando, sem saber, da mentira maior: "Meu filho não mente!", e partem a defendê-lo cegamente.

Numa pesquisa recente, feita em escolas públicas, 25% das agressões recebidas pelos professores vieram de pais de alunos. Além de outros sérios problemas envolvidos, esses pais ouviram cegamente o que os filhos lhes relataram e foram agredir os professores, ou seja, os pais se transformaram em armas dos alunos contra os professores.

QUE BAGUNÇA!

O QUE FAZER QUANDO a *working-mother* volta para casa, após uma exaustiva jornada de trabalho, e encontra tudo na maior bagunça? Quando chega em casa após um dia inteiro de trabalho, a mãe, tenha ou não marido, *não* deve arrumar a bagunça que os filhos fizeram. Se eles já são autossuficientes para ficarem sozinhos em casa, também devem sê-lo para cuidar dela; portanto, a mulher integrada deve educar os filhos para que deixem a casa arrumada.

Cada vez que a mãe arruma a bagunça dos filhos – se eles já têm condições de fazê-lo –, está postergando o amadurecimento deles. Se crescerem com tais hábitos poderão achar que é função de mulher arrumar a casa, perpetuando o machismo. Essa gentil poupança aos filhos em vez de ajudá-los, prejudica-os já em casa e futuramente na sociedade.

A *working-mother* já cumpre sua parte trabalhando fora. Em casa, a tarefa é educar os filhos e não ser sua serviçal. Quando a mãe se põe a arrumar freneticamente a casa, os filhos ficam folgados e acham que ela está cumprindo obrigações dela. Na educação integrada, todos devem participar dos cuidados da casa, inclusive os filhos.

QUANTA BRIGA!

Irmãos discutem, entram em conflito e não raramente partem para a briga. O confronto físico não deve ser permitido de jeito nenhum, pois pode gerar violência. Há crianças que não sossegam enquanto não partem para a agressão física. Essas crianças precisam ser contidas. Pai, mãe ou qualquer adulto próximo deve interferir. Os pais devem separar os briguentos, dizendo em alto e bom som: "Não admito briga". Entretanto, não é com violência que o pai dará um basta na violência entre os filhos: portanto palmadas, cascudos ou qualquer tipo de agressão estão fora de questão. Ânimos serenados, os pais devem propor atividades em comum para os irmãos, em que cada um faz uma parte delas – e que os obriguem a repensar ou, pelo menos, a arcar com o mal-estar causado pela briga: estudar no mesmo quarto, lavar e enxugar a louça, ver TV na sala com a família. Não adianta isolar o agressor no quarto. Que correlação fará ele entre esse tipo de castigo que está sofrendo e o tumulto que causou?

Se a briga provocou ferimentos, o agressor ajuda a fazer curativos no ferido.

⋮

Com risadas e caretas, uma criança que estava à mesa de um restaurante começou a brincar com outra sentada a uma mesa próxima. De repente, uma delas não aguentou a brincadeira e se queixou com a mãe de que a outra lhe mostrava a língua. A mãe imediatamente levantou-se e foi como uma bala até a outra mesa tomar satisfações. Dedo em riste apontado para a criança, em meio aos outros adultos da mesa, vociferou: "Por que você está mostrando a língua para o meu filho?". Todos ficaram paralisados diante da insólita situação.

⋮

O que essa criança aprendeu ao instigar a mãe contra outras pessoas? Essa mãe está tornando seu filho feliz? Como alguém pode ser feliz acusando os outros? Por qualquer contrariedade, saca-se uma arma contra a pessoa com quem se está brincando?

Ninguém pode ser feliz agindo assim. O que a criança consegue é satisfação imediata diante da contrariedade, mas, para isso, dependeu da mãe. Criança feliz é aquela que consegue saciar suas vontades sem depender de ninguém. A felicidade não pode depender de outros, de valores materiais, de drogas.

> **Felicidade é estar feliz com o que se tem, com quem se está.**

Crianças não são indiferentes umas às outras. Falam-se, tocam-se, provocam-se, agridem-se[15]. Por exemplo, o filho reclama que o amiguinho da escola bateu nele. A mãe já corre até lá para falar com a professora. Quer que a outra criança sofra. Mas quem garante que não foi o filho dela que começou?

PEQUENAS DELINQUÊNCIAS

Estávamos, minha família e eu, na fila de entrada para um brinquedo num parque de diversões nos EUA. À minha frente havia um casal com dois filhos, de aproximadamente 7 e 9 anos. O garoto maior estava quieto no lugar. Já o mais novo, a quem vou dar o nome de Zé, não parava um instante. Zé se pendurava na fita do corrimão, como se ela fosse um balanço, e chutava as pessoas da fila.

---

15 E o filho único? Este nem sempre se exercita assim. Às vezes, tem mais dificuldade nas brincadeiras por treinar menos a convivência com outras crianças. Não entende que a cada momento a vantagem é trocada pela desvantagem e vice-versa.

Quando esbarrou em mim, dirigi a ele aquele olhar duro, de reprovação, como se dissesse: "Não admito que você faça isso!". Zé, então, começou a me proteger de seu inadequado e invasivo comportamento. Balançava-se em todas as direções, menos na minha.

A mãe, com expressão de desânimo, cutucou o pai, que acabou dizendo: "Filho, desse jeito nunca mais vou trazer você de novo para a Disney!". E nada aconteceu – porque voltar ou não para a Disney era um problema futuro: significava que, se ele não quisesse mesmo voltar, poderia continuar fazendo o que lhe passasse pela cabeça, sem um mínimo de adequação. Lamentava-se, mas não sentia a perda do que ainda não era real.

Por que Zé me respeitou, se nem ao próprio pai ele respeitava? Provavelmente porque o pai perdeu sua autoridade educativa; não estabeleceu para o Zé limites comportamentais necessários, levado que foi pela permissividade amorosa.

E todos sofrem com o comportamento do menino. Impossível não sofrer. A mãe, pela sensação de impotência; o pai, por se ver desautorizado ao permitir que sua fala fosse ignorada; e Zé, por ficar insatisfeito, portanto infeliz, apesar de ter feito tudo o que queria. E todos os outros, por serem incomodados diante de uma situação sobre a qual ninguém tinha controle.

⋮

Há muitos casos de filhos pequenos que não obedecem aos pais. Mas basta os adultos recuperarem a autoridade inerente à função de educadores para os filhos melhorarem.

Como o Zé estará sendo educado? Até então, ele sabia que para ele não existiam limites. Tudo o que lhe era negado verbalmente era-lhe permitido no comportamento, ainda que ele incomodasse quem quer que fosse.

Quem não sabe se comportar numa fila de espera não possui noção de contexto e das regras sociais. Um dos maiores sinais de saúde social é o mimetismo relacional. Sem perdermos a personalidade, mudamos "de cor" conforme o ambiente. Aquele que impõe sua vontade egoísta sobre as regras específicas de determinado contexto – uma fila, por exemplo – não tem educação social, porque coloca as suas próprias vontades acima das regras sociais.

CONSEQUÊNCIAS NO LUGAR DE CASTIGOS

Ninguém conserta programas de computador usando martelos. Da mesma forma, castigar é uma ferramenta obsoleta da educação. Os pais e educadores têm de atualizar seus recursos educativos e inclui-los na educação. Muitas atitudes tomadas no passado – surras, descontroles emocionais, prisão no quarto etc. – são hoje martelo em computador. Elas danificam, não ajudam.

Quem sempre obteve lucros na delinquência ou na folga precisa começar a aprender a não os ter, e, assim, ganhar muito mais com o novo modo de ser. Várias medidas podem ser adotadas. Minha sugestão, por exemplo, é estipular que Zé não desfrute o brinquedo em cuja fila de entrada está. "Você vai ficar aqui fora até a gente sair"; ou seja, nada de jogar as consequências para um duvidoso futuro. Ele precisa entender que não usufruir o brinquedo é de sua exclusiva responsabilidade. Ou seja, estar ou não estar no brinquedo depende do que ele fizer. Isso é uma consequência do seu comportamento – e não um castigo.

A condição combinada é que Zé espere a família à saída do brinquedo. Se ele não estiver no local combinado, perderá o direito também ao próximo brinquedo, e assim sucessivamente.

Caso ele ainda seja muito pequeno para ficar sozinho, um dos pais terá que ficar supervisionando, sem que aquele momento se torne uma convivência prazerosa. A criança deve se sentir prejudicada pelo modo como se comportou, não pode obter nenhum ganho – e, cuidado!, ter a exclusividade de um dos pais nessa situação não pode ser um ganho. Portanto, nada de conversas ou explicações. Se a criança vier a perder três brinquedos, não haverá por que sair com a família no dia seguinte. O garoto que fique no hotel ou onde esteja hospedado. Não há motivos para sacrificar toda a família por causa do mau comportamento de um de seus membros. E se aprontar no hotel, deverá ficar no apartamento, e assim sucessivamente até o Zé entender que ele mesmo causou as complicações à sua família. Da próxima vez, respeite os pais.

É natural as crianças tentarem, de várias maneiras, recuperar o que foi perdido usando choro, depressão, agressão, cara fechada, mau humor, chute, raiva. Elas têm o direito de reagir. E os pais devem dizer:

"Eu entendo que você esteja triste e com raiva, mas sua reação não vai mudar o que estabelecemos, pois você está recebendo o que mereceu". A medida educativa é fazer a criança sentir a perda e os prejuízos que maus comportamentos trazem.

Se os pais estabelecerem prejuízos que eles mesmos acabam ignorando, essa é uma consequência da educação do "sim" (ver parte 1, capítulo 2, desta obra), isto é, não aguentam pressões dos filhos, portanto são pais-geleia. Seria então natural que os filhos fossem também parafusos de geleia, isto é, largam qualquer empreitada às primeiras pressões que ocorrem. Zé seria um exemplo de um parafuso de geleia – pois não aguentou a pressão de ficar numa fila.

Multa é perda material.
Prisão, perda da liberdade.
Rejeição, perda afetiva.

Quando todos os recursos já foram utilizados pelos pais e derrubados pelo filho, resta ainda uma última e drástica medida: a de perder a liberdade e o conforto material. Isso equivale a usar um lavabo como prisão para que ele reflita sobre o que fez.

Essa prisão domiciliar tem significado educativo. Portanto, não deve ser acompanhada de raiva, gritos e violência. Os motivos e os objetivos pelos quais o filho está sendo preso devem ser explicados com firmeza, olhos nos olhos, para que ele possa compreender e se modificar.

Um bom lugar é o lavabo ou qualquer outro aposento que não tenha conforto material nem condições para distrair a criança. Assim, ela esfria os ânimos e reconsidera a situação.

O período ideal para uma boa reflexão não deve passar de 5 minutos, pois, se for maior, a criança pode adormecer ou encontrar outro meio de esperar o tempo passar. O que não se deve é deixá-la sair correndo imediatamente para outra atividade. O que valida esse recolhimento é a conversa que se tem depois com o filho: mais calmo, ele deve falar sobre o que refletiu e não apenas ficar ouvindo "mais ladainhas" dos outros. Se ele não pensou em nada durante o período, volta para mais um período de reflexão para expressar-se depois.

Dependendo da idade da criança, é importante que os pais a ajudem a se expressar. Esse é outro aprendizado pelo qual a criança passa: não podemos esperar que uma criança de 4 anos saia do lavabo com um discurso claro sobre suas ações.

As perdas também devem ser progressivas e cumulativas. Se a criança ficar gritando, ofendendo, dizendo palavrões, chutando a porta, a contagem dos 5 minutos será zerada e recomeçará.

A mãe e o pai precisam assumir sua condição de educadores e fazer o filho entender que está sendo mal-educado, grosseiro e antiético. Em vez de aplicarem castigos aleatoriamente, têm de reformular sua abordagem com condutas pautadas na coerência, na constância e na consequência para conseguir dos filhos resultados favoráveis.

CAPÍTULO 5

Auxílio de terceiros

Ficar ou não em casa com a criança é o grande drama feminino depois do nascimento de um filho. Em geral, a sobrevivência fala mais alto que a educação. Obrigada a trabalhar, grande parte das mulheres não pode ficar em casa cuidando do(s) filho(s) o dia todo.

Se a mãe e o pai trabalham, precisam contar com a ajuda de terceiros para cuidar do filho e zelar por ele, mesmo que durma quase o dia todo. Quando começar a engatinhar, andar e descobrir o mundo, esses cuidados se tornam mais importantes. Aquele que toma conta da criança pode ou não ser uma pessoa positiva para sua educação. É importante avaliar se tem condições de educar, pois passam muito tempo juntos.

Babás, avós, escola e creche são as opções mais comuns de apoio aos pais.

BABÁS: A IMPORTÂNCIA DE ORIENTAR BEM

Não raro o noticiário da televisão mostra imagens gravadas por pais em que aparecem babás surrando criancinhas ou veicula notícias de babás que dão remédios para dormir a bebês. Esses casos causam revolta na maioria das pessoas e assustam qualquer pai e mãe. Infelizmente essas situações acontecem, mas felizmente são exceções. Existem péssimas babás, mas há também profissionais conscientes, dedicadas e amorosas.

Antes de contratar uma babá, é fundamental verificar suas referências, conversando com os pais de crianças das quais cuidou. É importante perguntar tudo o que quiserem saber e observá-la atentamente, pois muitas babás expressam no comportamento o que não contam em conversas.

⋮

Se a babá for cuidadosa e atenciosa, é natural que a criança se apegue, o que é um indício de que a criança se sente bem cuidada na ausência da mãe. Se a criança não se apega, é indiferente ou até mesmo hostiliza a babá, estes podem ser sinais de que a babá não corresponde às necessidades da criança e da mãe. Para a autoestima da criança não é nada bom ser tratada sem o carinho e o empenho necessários, muito menos passar o dia todo com uma babá indiferente.

Boa babá é aquela que estabelece bons relacionamentos e, com seu apego à criança, torna-se uma aliada da família.

Quando a babá é uma aliada da família, mesmo que depare com uma situação para a qual não foi orientada, age em benefício da criança, cuidando dela e protegendo-a, pois a coloca em primeiro lugar.

Embora o envolvimento seja importante, a mãe e o pai devem orientar a babá para que ela entenda os limites de sua participação na família. Ela pode, por exemplo, retirar-se em momentos familiares nos quais sua presença não seja necessária para que a criança desfrute o convívio exclusivo com a família. Para isso, basta explicar à baba que os pais não a rejeitam, mas precisam desses momentos juntos.

A babá precisa também receber orientação sobre a educação da criança. Por mais que seja experiente, ela tem de conhecer o desejo dos pais para que haja coerência entre as atitudes deles e dela. É preciso que os pais a orientem na imposição de limites, explicando como dizer "não" e como agir no caso de comportamentos considerados inadequados. Por que não emprestar às babás os livros que os ajudam na educação dos filhos?

Ao chegar em casa de volta do trabalho, é importante que os pais se informem sobre o que aconteceu ao longo do dia. Quando o filho ainda é pequeno e não vai à escola, uma boa forma de acompanhá-lo é fazer um caderno de rotina da criança. Nele a babá deverá anotar os períodos de sono da criança, o horário das refeições e dos lanches, os alimentos ingeridos, o funcionamento do intestino etc. Com esse caderno e a conversa com a babá sobre o comportamento da criança, os pais poderão acompanhar o crescimento do bebê, além de a babá sentir-se mais segura, pois sabe que é supervisionada e bem orientada. Se a babá não tiver paciência para escrever nesse caderno nem para atender às solicitações dos pais, terá ela paciência e carinho para atender o bebê?

Quando a criança for maior, os pais deverão adotar o hábito de perguntar à babá o que o filho fez ou deixou de fazer. Isso não deve excluir a conversa entre pais e filhos sobre como foi o dia, mas sim complementar. Deve haver um cuidado para que a conversa com a babá não ocorra num tom de "dedurar" o que o filho fez ao longo do dia, isso acaba colocando a babá no lugar de criança mais velha da casa e não de educadora propriamente dita.

Quando os filhos veem o diálogo entre os pais e a babá, têm a sensação de estar sendo acompanhados mesmo que os pais não estejam presentes o dia todo. Tendo clareza de que está sendo cuidada, está recebendo amor e preocupação dos pais, a criança, em geral, passa a não cobrar tanto a atenção deles.

Uma das maneiras de saber como é o relacionamento do filho com a babá é "espioná-la" quando estiver com outras babás. Se ela abandona totalmente a criança para ficar numa alegre conversa com suas colegas, cuidado! O filho pode ficar brincando com outras criancinhas, pegando chicletes da boca da outra, correndo sozinho para um lugar inadequado e perigoso, puxando a babá pela saia, choramingando para ir embora e/ou ainda recebendo broncas ríspidas e tapinhas da babá etc.

TELEVISÃO E VIDEOGAMES

Muito cuidado com o uso da televisão como babá eletrônica. Desde pequenas, as crianças ligam sozinhas a televisão e prestam muita atenção em comerciais, que chamam sua atenção por serem alegres, cheios de som, cores e movimentos, com cenários, pessoas e objetos maravilhosos. Suas mensagens, porém, nem sempre são apropriadas a crianças. Entram pelos olhos e ouvidos e passam a fazer parte dos conteúdos de sua mente.

Caso a televisão faça parte de forma significativa no universo familiar, o ideal para os pequenos são os vídeos educativos, próprios para eles. Usam uma linguagem fácil, quantidade e tipo de estímulo adequado para a idade. Mas mesmo que sejam esses os programas, a televisão não deve nunca substituir momentos de convivência familiar, com outras crianças ou atividades mais saudáveis ao ar livre, por exemplo. Os programas educativos podem ser uma boa opção nos dias chuvosos ou de muito frio, lembrando sempre que serão mais bem aproveitados se forem vistos na companhia de um adulto – que interaja com a criança, comentando as cenas e perguntando à criança o que acha.

O que pode representar um problema mais sério do que a televisão é o videogame, principalmente se introduzido em sua vida precocemente. Pior é quando a criança tem contato com aqueles jogos que estimulam a violência ao "contar pontos" por matar os outros. O ideal é adiar esses jogos o máximo que puder.

As crianças acima dos 4 anos, quando saudáveis, saberão diferenciar a realidade da TV e dos joguinhos com seu mundo: sua família, escola etc. As crianças menores, em geral, não têm ainda critério para saber quais são comportamentos aceitáveis ou inaceitáveis; portanto, quando os pais perceberem que elas estão imitando um comportamento inadequado, devem interferir. As crianças maiores, que já estão mais socializadas e que mesmo assim "copiam" comportamentos inadequados requerem mais atenção. TV e videogames são veículos. O que importa são os conteúdos, que podem ser adequados ou não aos pequerruchos. Com certeza há programas ruins e bons, portanto cabe aos pais selecionar o que chega aos seus filhos. Caso os pais não entendam nada disso, procurem quem entenda. Os filhos merecem esse cuidado. É o alimento da personalidade que está sendo selecionado.

CRECHES

HÁ SITUAÇÕES NAS QUAIS OS PAIS, por opção ou por necessidade, põem os filhos em creches. Nesse caso, precisam tomar certos cuidados, como:

- Conhecer a creche: seu espaço físico, seus recursos, ambientes onde as crianças ficam, banheiros, salas de descanso etc.
- Informar-se sobre as pessoas que lá trabalham, principalmente sobre as que lidam diretamente com as crianças.
- Passar algumas horas no local, em pleno movimento, com outras crianças. Provavelmente seu filho receberá o mesmo tratamento.
- Escolher um local próximo do trabalho da mãe ou do pai, para que em qualquer emergência possam atender o filho. A proximidade também diminui a ansiedade da mãe.

⋮

Algumas creches possibilitam aos pais verem seus filhos via internet. Nesses casos, existe um padrão de regras que leva adequação e viabilidade a todos os envolvidos nessa visita virtual aos filhos.

Convém lembrar que creche não é depósito de crianças. É um local que complementa os cuidados e a educação, principalmente na socialização delas.

AVÓS: SALVADORES OU VILÕES?

"Educação é responsabilidade dos pais; nós, avós, só vamos curtir." Essa é a visão corrente do papel dos avós na família. Os pais proíbem, os avós permitem. Os pais cortam a mesada como castigo, os avós dão trocadinhos que rompem com esses esquemas. Fazem vales, que os netos jamais pagarão. Em geral, os avós não sofrem as consequências imediatas dessas transgressões. Portanto, têm essa visão comodista de deixar os abacaxis para os filhos descascarem, não colaboram em nada para minimizar a dificuldade que as crianças têm de entender o significado do *não*.

Há muitas diferenças nos relacionamentos entre avós e netos e pais e filhos. Os avós vivem outro momento de vida. Já criaram os filhos, percebem que muitos fatos são relativos e que um tempo precioso é perdido na preocupação com irrelevâncias enquanto se deixa passar o que pode ser sério. E agora, diante dos filhinhos dos filhos, têm tempo livre (que os pais nem sempre têm), afeto disponível e, algumas vezes, dinheiro suficiente para dar aos netos.

⋮

Nem todos os avós, porém, dispõem de tanto tempo assim, pois, segundo o Censo 2000 do IBGE, o país tem 6 milhões de idosos com mais de 60 anos que sustentam filhos, netos e outros parentes. Eles também têm, portanto, papel financeiro fundamental na família brasileira.

Os avós são ao mesmo tempo a solução para "tomar conta do neto" e depositários das culpas e responsabilidades se lhe acontece algo de ruim, especialmente da parte de genros e noras. Logo, os pais que confiam suas crianças aos próprios pais enfrentam uma situação contraditória de dependência.

Os avós são ora grandes salvadores, ora grandes vilões na dinâmica familiar.

É preciso muita saúde social para que os avós sejam imparciais na busca da ética e da humanidade relacional sem favorecer os filhos (em detrimento dos cônjuges) nem os netos.

A convivência, contudo, pode ser de muita valia, especialmente nos momentos de crise. Os avós podem até ficar com o neto por algum tempo quando o casal se separa e a mulher não tem condições de arcar sozinha com as despesas de uma casa.

Pessoalmente, acredito que avós podem ser complementares na educação dos netos. A grande maioria dos pais, em luta pela sobrevivência financeira da família, não tem tempo de transmitir tradições nem a cultura familiar. A disposição dos avós de ouvir a criança é diferente. Portanto, eles podem desempenhar um papel complementar na educação.

É função dos avós temperar a educação com cultura complementar, contando histórias da família aos netos.

Os pais precisam deixar muito claro o que desejam que pais e sogros façam com os netos. É comum deixarem tudo por conta dos "velhos", sem especificações, e, ao voltar, passam a criticar suas atitudes – sem perceber que é natural que os avós ajam de maneira diferente deles.

As maiores interferências surgem quando os avós discordam da educação que os pais dão às crianças, tentando às vezes corrigi-la se os consideram rígidos ou frouxos demais. Mesmo que os avós não concordem, eles devem ter consciência de que os principais educadores são os pais e que a coerência de atitudes das duas gerações beneficiará as crianças. Os pais, por outro lado, devem levar em conta a experiência de seus próprios pais e o fato de observarem a família de uma perspectiva diferente, dando espaço para diálogo e eventuais críticas (construtivas).

DIA DOS AVÓS
QUANDO NÃO EXISTE NENHUMA possibilidade de acordo entre pais e avós sobre a educação das crianças, uma boa saída é estabelecer o "dia dos avós": tudo o que os avós permitem vale somente na casa deles ou quando os netos estão com eles. Na casa dos pais, vale o que

estes determinam. Assim, as crianças têm a possibilidade de viver dois padrões diferentes compondo uma educação única.

⋮

Atendi uma garota de 15 anos que morava com os avós. Sua mãe engravidara na adolescência, quando ela gostava de atravessar madrugadas em festas. Os avós não confiavam nela, que ainda levava a vida agitada e sem compromissos, oferecendo um mau exemplo para a filha. Além disso, como essa mãe poderia corrigir na filha o que ela própria fazia?

⋮

Nesse exemplo, os avós são melhores educadores que a própria mãe. Porém, quanto mais bem-sucedidos são os pais, menos os avós devem interferir. Ainda mais quando se trata de avós que moram na casa dos filhos e se colocam como dependentes deles. Quando são os pais que moram com os avós, a situação se complica, pois os avós se acham no direito de educar os netos.

Se os pais constatarem que os avós realmente atrapalham a educação dos netos, convém organizar sua rotina sem eles. É interessante expor as razões, sem brigar, libertando-os de obrigações pedagógicas.

Com essa medida, o relacionamento familiar pode melhorar. Não é justo nem ético usar os "velhos" quando se precisa deles e depois reclamar. É agradecer mal a quem socorre. Assim como não é justo nem ético os "velhos" acharem que podem fazer o que bem lhes aprouver, contrariando todo o posicionamento educativo que os seus filhos estão estabelecendo. Nesses casos, talvez seja interessante restringir, dificultar ou até mesmo selecionar a visita deles, principalmente se eles não demonstrarem efetivamente mudança de conduta.

A PARTE QUE CABE À ESCOLA

A RIGOR, A EDUCAÇÃO escolar é diferente da familiar. Não há como uma substituir a outra, pois ambas são complementares. Não se pode delegar à escola parte da educação familiar, pois esta é única e exclusiva, voltada à formação do caráter e aos padrões de comportamentos familiares. A escola nunca deve absorver a educação familiar, pois seu objetivo é preparar profissionalmente seus alunos, cuidando, portanto, da convivência grupal e social.

Para a escola, seus alunos são transeuntes curriculares, enquanto, para os pais, os filhos existem para sempre.

> **A educação com vistas à formação do caráter, da autoestima e da personalidade da criança ainda é, na maior parte, responsabilidade dos pais.**

⋮

Durante um programa de rádio em Belo Horizonte, atendi ao telefonema de um pai que fez a seguinte pergunta: "Coloquei meu filho aos 11 anos numa escola e ele saiu no terceiro colegial usando drogas. O que devo fazer?". Na pergunta estava implícito que o pai depositara a educação do filho nas mãos da escola; portanto, ela seria responsável pelo fato de ele usar drogas. Um silêncio tomou conta do estúdio. O que o pai pretendia era processar a escola. Foi quando lhe fiz uma singela pergunta: "Onde o senhor esteve durante todo esse tempo?". Ele desligou o telefone, porque, ao interromper a ligação, também descobriu a resposta: mesmo presente, ele não olhara pelo filho dos 11 aos 17 anos. Para a escola, esse jovem é só mais um ex-aluno; para o pai, esse filho é para sempre.

⋮

A ESCOLA NA EDUCAÇÃO INFANTIL

A ESCOLA SOZINHA NÃO É RESPONSÁVEL pela formação da personalidade, mas tem papel complementar ao da família. Por mais que a escola infantil propicie um clima familiar à criança, ainda assim é apenas a sua escola. E a escola oferece condições de educação muito diferentes das existentes na família. A criança passa a pertencer a uma coletividade, que é sua turma, sua classe, sua escola. É um crescimento em relação ao "eu" de casa, onde ela praticamente é o centro.

A escola oferece também atividades específicas conforme a idade das crianças, o que geralmente não acontece em casa, onde o ritmo da vida familiar costuma ser corrido, tentando sempre conciliar as necessidades e atividades de todos.

> **A escola percebe na criança facilidades, dificuldades e outras facetas que em casa não costumam ser observadas, muito menos avaliadas.**

Para que os pais possam conhecer realmente seus filhos, é importante estar bem informados de seu comportamento na escola. Embora não seja de sua competência, muitas vezes a escola pode orientar os pais a superar dificuldades domésticas com um determinado filho, antes que seja necessário tratamento psicológico. Muitas delas, por lidar com grande número de crianças, têm mais experiência com certas faixas etárias do que os próprios pais. A voz da experiência da escola, bem ouvida, pode ser bastante útil num momento em que a família está totalmente perdida sobre a maneira como deve proceder com o filho.

Se todos os pais soubessem dessa possibilidade de ajuda e tivessem a sabedoria de procurar a escola, muitos conflitos, desajustes relacionais, problemas de juventude, migrações e dificuldades escolares seriam, sem dúvida, resolvidos a tempo.

A escola, ao perceber qualquer dificuldade com seu aluno, poderia também chamar os respectivos pais e implantar a *educação a seis mãos*[16]. Juntos, pais

---

16 Para saber mais, ler o capítulo 10 de *Ensinar Aprendendo:* Novos Paradigmas na Educação, de Içami Tiba. São Paulo: Integrare, 2006 (N.E.).

e escola podem combinar os critérios educativos, levando em conta as duas mãos – a do coração (afeto e sentimento) e a da cabeça (razão, pensamento) – dos três personagens mais importantes da educação da criança: a mãe, o pai e a escola.

As famílias só mudam quando atingidas por algum evento muito forte. Por estar por dentro dos avanços culturais, a escola deve orientar os pais com leituras adequadas, esclarecimentos e palestras. Os pais precisam dessa atualização e inclusão.

PAIS & ESCOLA: BELA PARCERIA

SE A PARCERIA ENTRE FAMÍLIA e escola se formar desde os primeiros passos da criança, todos terão muito a lucrar. A criança que estiver bem vai melhorar ainda mais, e aquela que tiver problemas receberá a ajuda tanto da escola quanto dos pais.

Quando a escola, o pai e a mãe usam a mesma linguagem e têm valores semelhantes, os dois principais contextos da criança, a família e a escola, demonstram uma segurança e coerência extremamente favorável ao seu desenvolvimento. Ao mesmo tempo, a escola assume para a criança um lugar de aliada, como mais uma interessada em seu bem-estar. Quando há conflitos entre família e escola, as crianças tendem a acompanhar quem mais lhes agradar, e os adolescentes em geral tentam tirar vantagens pessoais. Assim, quando os pais não concordam com a postura da escola, é diretamente com ela que devem resolver as discordâncias. Desse modo, a criança não se apoiará nos pais para se insurgir contra a escola.

Quando o filho se queixa de algum professor ou de alguma "injustiça" praticada pela escola, os pais devem pensar sempre que o filho pode estar sendo unilateral ou trazendo as informações distorcidas como melhor lhe convém; portanto, antes de acreditar piamente no que ele diz, é melhor que os pais tomem conhecimento de outras informações sobre o mesmo fato.

Quanto menos os pais souberem sobre seus filhos, maiores serão as chances de serem surpreendidos por queixas das transgressões que estes cometem. Não há outra saída senão os pais acompanharem de perto o que os seus filhos andam fazendo pelas baladas afora.

QUAL É A MELHOR ESCOLA?

JÁ QUE A PARCERIA ENTRE FAMÍLIA e escola deve ser estabelecida desde o princípio, é fundamental que a mãe e o pai escolham uma instituição afinada com os valores familiares. Convém prestar atenção aos seguintes aspectos:

- Instalações físicas: espaço interno (sala de aula, banheiros, bebedouros etc.) e externo (pátio aberto ou coberto, gramado ou cimentado, com ou sem brinquedos adequados etc.).
- Recursos como biblioteca e computadores.
- Corpo de funcionários: é importante não só conversar com a diretora ou a orientadora, mas também com professores e bedéis. É com eles que as crianças convivem no dia a dia.
- Alunos: observar o comportamento dos alunos que frequentam a escola e conversar com eles para saber o que acham da escola, se gostam ou não de estudar lá.

- Regras: se para os alunos são muito rígidas ou permissivas demais em relação ao que seus filhos precisam.
- Localização geográfica: a proximidade é um fator que deve pesar na escolha da escola, mas não deve ser determinante.

Quando têm mais de um filho, os pais devem observar a escola com lentes diferentes para cada um. É muito cômodo que os filhos estudem na mesma escola, mas, como as personalidades são diferentes, a escola boa para um pode não ser boa para outro. Por isso, observar os alunos que saem da escola após o término das aulas pode ser um bom método para a escolha da escola. É com essas pessoas que o filho vai se relacionar. Os pais gostariam de recebê-las em casa para passar o fim de semana? Se a resposta for negativa, é melhor buscar outra escola, pois o filho em pouco tempo terá comportamento semelhante ao daquelas crianças.

⋮

Mesmo após seleção criteriosa, alguns pais ou mães se sentem tão angustiados com a nova situação que acabam dificultando a adaptação do filho à vida escolar. Os filhos, ainda mais os menores, têm uma enorme capacidade de perceber nosso estado sem que haja comunicação verbal. São muito atentos a expressões e tons de voz, por exemplo. É natural que o pequenino manifeste uma certa dificuldade em se separar da mãe – quanto menor for, maior a dificuldade. A tranquilidade e a segurança dos pais favorecem a separação transitória. Portanto, eles devem estar tranquilos de que a decisão tomada foi correta.

Há mães que não chegam a chorar, mas seus olhos imploram: "Filho, fique comigo", embora as palavras o incentivem a ir com a professora. Eis aí a famosa dupla mensagem. É frequente que, no período de adaptação, as crianças chorem escandalosamente na frente da mãe, resistindo a entrar na escola, mas, uma vez dentro dela, mudam completamente e ficam felizes ao lado dos coleguinhas em menos de dez minutos.

Os pais devem preparar a ida para a escola com observações como: "Você vai brincar, fazer coisas que não faz em casa, ter amiguinhos, pintar, ir ao parquinho. Depois, você conta tudo pra mamãe (ou pro papai)?".

Quando a criança sabe que poderá contar tudo aos pais, sente-se mais forte e participativa. Depois, eles devem ouvi-la atentamente. É a maneira de estarem presentes mesmo ausentes.

A ARRUMAÇÃO DA MOCHILA ESCOLAR

Ao arrumar a mochila escolar, deixe, sempre que possível, a criança ajudar. Permita que ela escolha um dos lanches, pois isso lhe dá a sensação de domínio da situação. E faça seu filho carregar o que ele puder. A mãe não deve levar tudo – mochila, lancheira, pasta, agenda, brinquedo, trabalhinho – enquanto a criança corre na frente com as mãos livres.

A mãe não deve confundir o desejo de ajudar com o de fazer tudo pelo filho.

A mãe que carrega a mochila para a escola está deseducando o filho. A intenção amorosa é boa, mas o filho está sendo amputado no que ele é capaz de fazer. Assim ele usufrui uma liberdade dependente, isto é, sua liberdade depende do esforço de outra pessoa. Esse é o perfil do "folgado", já que a mãe se ofereceu para assumir o de "sufocada". A mãe pode empregar de forma mais adequada a energia desperdiçada no ato de preparar e carregar a mochila; no acompanhamento do rendimento escolar e comportamental do filho, por exemplo.

EVITANDO A REPETÊNCIA ESCOLAR

GERALMENTE A REPETÊNCIA ESCOLAR começa já nas primeiras provas do ano, quando o aluno começa a ir mal em algumas matérias. O importante é recuperar o quanto antes, sem deixar para estudar na última hora. As crianças e os adolescentes tendem a largar a atividade que rende pouco e, com isso, acabam indo de mal a pior. Empenham-se mais naquilo em que vão bem: do bom para o melhor.

Se os pais acompanharem o rendimento escolar do filho desde o começo do ano, poderão identificar precocemente essas tendências e, com o apoio dos professores, reativar seu interesse por determinadas disciplinas problemáticas.

A tarefa de estudar é do filho, só dele; portanto, quando já tiver idade para isso, é ele que irá escolher o horário e o método de estudo, mas somente poderá dedicar-se a outras atividades depois de dar uma aula aos pais sobre a matéria estudada, usando as próprias palavras e demonstrando não ser decoreba. Essa aula é a parte mais importante do estudo, pois o filho está transformando a informação recebida em conhecimento.

ESTUDAR É OBRIGAÇÃO

O SABER É ESSENCIAL, portanto estudo não se negocia. Não cabe ao filho decidir se estuda ou não. Ele tem que estudar e pronto. Como vai estudar? Aí cabe a possibilidade de conversar e negociar horários etc.

> **A escola é essencial para a vida.**
> **Não pode estar sujeita a caprichos infantis.**

Em ambientes em que o estudo tem valor, a cultura é privilegiada, os pais valorizam o aprendizado, compram livros e revistas interessantes e leem jornal, é raro a criança não querer estudar. O melhor estímulo para aprender é a curiosidade. Pode-se estimular a curiosidade do filho perguntando a ele como funciona um brinquedo, as regras de um jogo de que ele gosta, o que achou do enredo do filme a que assistiu etc. Criança gosta de demonstrar conhecimentos e de exibir suas habilidades manuais.

Quem tem diploma universitário ganha melhor do que aquele que cursou somente o ensino fundamental, e cada ano de estudo representa 15% a mais no salário. Ganhar mais, porém, não garante uma boa educação. Não é à toa, portanto, que os pais devem exigir que os filhos, além do estudo, tenham educação, pois ambos são importantes para sua independência financeira e autonomia comportamental.

LIÇÃO DE CASA E AUTOESTIMA

SE A MÃE E O PAI querem que os filhos se saiam bem na escola, é essencial que estimulem a criança e o adolescente a tirar proveito do estudo feito em casa. Uma dica importante é não estimular a decoreba, a indigestão do aprendizado, quando o aluno apenas repete a matéria sem refletir sobre seu conteúdo. Com isso, ele não sabe usar a informação em outros contextos, pois não a absorveu como conhecimento.

Em vez de estabelecer horários para a criança estudar ou controlar seu estudo, insisto em que os pais devem pedir a ela que lhes dê uma aula sobre o que estudou, usando as próprias palavras. Se tiver aprendido mesmo, ela saberá transmitir seus conhecimentos.

Em geral, as escolas dão tarefas de casa que a criança é capaz de fazer sozinha. Para alguns pais, as tarefas podem parecer muito complicadas perto das que tinham com a mesma idade, mas é necessário entender que a maneira como acontece o aprendizado vem mudando radicalmente nos últimos anos. Cada vez mais o aluno é levado a descobrir as soluções, achar seus próprios caminhos.

> **Quem sabe fazer aprendeu fazendo. Se o filho sabe estudar, aprendeu estudando. Ninguém pode estudar por ele. Conhecimento cada um constrói o seu, não se ganha pronto.**

O que leva alguns pais e mães a fazer as lições de casa dos filhos? Intenção de prejudicar, eles certamente não têm. Mas acabam prejudicando. O propósito é adoçar a pílula, facilitar a vida do filho. Por que o pobrezinho tem de se esforçar tanto se em pouco tempo eles podem fazer o que o filho levaria a tarde inteira? Porém, fazer significa aprender.

Como não aprendeu, a criança perde aquela parte e está sujeita a ter mais e maiores dificuldades na aula seguinte. Estudo é progressão – portanto, ela vai de mal a pior. Crianças precisam de apoio quando vão mal. Se vão bem, dispensam esse apoio, pois aprendem depressa.

É essa uma boa oportunidade de ensinar ao filho que existem diferenças entre as pessoas. Mostrar que ele pode ser ruim numa coisa e bom em outra. Não é porque vai mal numa disciplina que irá mal nas outras, recebendo a qualificação de mau estudante. No entanto, se abandonar a disciplina em que já está mal, a situação só vai piorar...

Seja como for, eles devem estudar primeiro a matéria de que não gostam, pois aquilo de que gostam estudam a qualquer hora.

Nas tarefas escolares, ajudar não é fazer pelo filho. Quem tem de fazer é a própria criança.

Ela tem dificuldade de pintar? Não importa. A pintura ficou feia? Deixe seu filho levar um trabalho ruim para a escola. É desse ponto que começa a melhora, pois a prática também ensina. A melhora é um excelente estímulo para progredir. E o que ele fez serve de base para dar o passo seguinte.

Se a mãe fez o trabalho, qual é a base do filho para dar o passo seguinte? Como fazer algo mais feio do que já fez? Assim, a mãe, além de não ajudar, prejudica a autoestima da criança, porque tira sua possibilidade de realização. É da prática que nasce a perfeição. Ao comparar seu desenho com o da mãe, o filho pode sentir-se diminuído.

Pais que se antecipam na ajuda ao filho, sem esperar que ele a peça, podem transmitir a impressão de que não acreditam que ele é capaz de fazer sozinho. Assim ele acaba desacreditando de si mesmo. Não há autoestima que resista a esse descrédito. Caso a mãe deseje ensinar, deve fazê-lo em outra folha, e não na da escola. Nessa folha avulsa, ela pode escrever, pintar e desenhar. A folha da escola é responsabilidade da criança.

A criança sabe da verdade: não foi ela que fez. Sente a autoestima quebrar-se dentro dela e julga-se cada vez mais incapaz de fazer o que poderia. E o pior: ao entregar um trabalho feito pela mãe, está mentindo. Tudo fica pior quando os pais confirmam de pés juntos que foi o filho que fez.

A autoestima é o que rege a qualidade de vida, resultante de escolhas comportamentais mais satisfatórias, competentes e cidadãs.

CAPÍTULO 6
Pais separados...

...QUE AINDA VIVEM JUNTOS

IMAGINE UM BARCO CUJOS tripulantes são o pai, a mãe e os filhos. A tragédia seria o barco afundar e todos morrerem afogados. De repente, começa a entrar água no barco. Então o marido ou a mulher, em vez de ajudar a tirar a água, começa a reclamar com o cônjuge: "Antes de sair, você não verificou se o barco estava bem vedado?". Enquanto isso, o outro tira a água freneticamente. Pois isso não é uma família, é apenas um agrupamento de pessoas. Elas estão juntas na mesma situação, mas não unidas.

Se a esposa está com problemas em casa e, em vez de ajudá-la, o marido a critica, não está fazendo nada para melhorar. Se ele vai mal na empresa, está sob ameaça de desemprego, e ela o desqualifica, isso em nada contribui para tirá-lo do buraco.

Quando o filho vai mal na escola, há pai que, em vez de ajudá-lo a superar as dificuldades, culpa a esposa. Se o filho lhe responde mal, em vez de pedir explicações ao filho, cobra da mulher: "Tá vendo como está seu filho? Também, você não para em casa". Por sua vez, ela retruca: "Você é o culpado, porque nunca deu atenção aos filhos, seu egoísta e omisso!". E vai daí para pior... Isto é, o barco vai para o fundo.

Se o filho está infeliz porque brigou com a namorada, o pai lhe oferece dinheiro para ir ao *shopping* e a mãe o consola: "Não tem importância, mamãe te ama". E o filho continua infeliz.

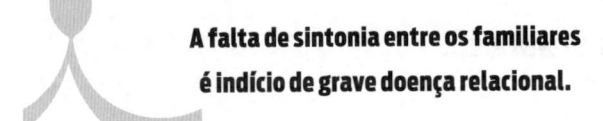

> **A falta de sintonia entre os familiares é indício de grave doença relacional.**

Não tem importância que um ou outro membro da família não saiba tirar a água que invade o barco. Em momentos difíceis, eles devem unir forças para não deixar o barco afundar. É essa atitude que faz uma família saudável.

SEPARAÇÃO DOS PAIS

Os SINAIS DE QUE o relacionamento vai mal aparecem muito antes de o casamento naufragar.

- **Sinal amarelo congelante.** Começa a haver afastamento físico. O diálogo diminui, pois não há assunto entre o casal. Nada mais é compartilhado entre eles. O que está mal, em vez de ser resolvido é simplesmente jogado debaixo do tapete. A solicitude diminui. Um dos dois (ou ambos) não está mais disponível como antes. Não tem disposição nem disponibilidade para nada que se refira ao casal. Para de prestar atenção no outro. Nem percebe quando ele(a) está aborrecido(a). Um está muito preocupado com uma reunião importante, e o outro nem se interessa. Não dormiu a noite inteira, ficou de cama, doente, e o cônjuge não se importou. Se o casal pensa que os filhos nada percebem, está totalmente enganado, pois eles percebem e muito. Só não sabem o que fazer, mesmo querendo ajudar. Eles pisam em ovos.

- **Sinal amarelo explosivo.** Os cônjuges explodem por tudo e por nada, zerando a tolerância. Nada lhes agrada, e qualquer tentativa de retratação é recebida com agressão. Fazem-se acusações mútuas e responsabilizam sempre o outro por tudo de ruim que acontece com a casa, as crianças e mesmo no relacionamento com a grande família. Sobram estilhaços para todos os lados, e os mais atingidos são os filhos, que geralmente nada têm a ver com essa guerra. Os filhos pedem que os pais se acalmem, mas já começam a questionar o casal. Para que viver juntos se brigam a toda hora? Os pais devem procurar ao máximo não envolver os filhos. Se há algo que os pais não devem dizer é que estão juntos por causa dos filhos. Os filhos não têm a responsabilidade sobre o que acontece com o casal.
- **Sinal amarelo congelante-explosivo.** Como cada cônjuge tem seu ritmo, pode acontecer de um deles estar congelando por desinteresse afetivo e o outro explodindo por não suportar a situação. Começam a surgir partidarismos dos filhos e manifestações de solidariedade e/ou rejeição a cada um dos pais. Condenam quem explode e reclamam daquele que se cala.
- **Sinal vermelho.** A maioria das pessoas parece mais atraente que o cônjuge. Quando se deixa de gostar de alguém, é comum olhar outras pessoas e imaginar situações de intimidade com elas. O conflito transborda para fora do casamento, envolvendo novas pessoas. Não liga para o(a) companheiro(a) em casa, mas se derrete inteiro(a) por terceiros. Os filhos costumam

reprovar o que pula fora. Geralmente apoiam aquele(a) que está sofrendo mais.

- **Sinal roxo.** Um cônjuge, ou ambos, além de não sentir falta do outro, é tomado por uma sensação de alívio quando fica sozinho. Não há mais motivo para continuarem juntos. É um sinal terrível! Os filhos também já estão pedindo que os pais se separem de uma vez.
- **Sinal preto.** Um cônjuge quer eliminar o outro de sua vida. O clima fica tão ruim que o que eles querem mesmo é "matar" o outro: "Ainda que custe minha vida, acabo com ele(a)". Isso é tão sério que, mesmo depois de separados, continuam com o desejo de matar, em seu sentido mais amplo: judiar, ofender, menosprezar, diminuir, ridicularizar etc. Neste sentido, ambos acabam mais usando os filhos para seu próprio interesse do que atendendo às necessidades deles.

O FATÍDICO ALMOÇO DE DOMINGO

A DOR DO CÔNJUGE TRAÍDO é muito forte e duradoura. E não tem hora certa para atacar. Num belo domingo, a família vai almoçar no restaurante. Todo mundo feliz. O traído percebe o cônjuge olhando para outro lugar. É impressionante! Olha na direção em que o cônjuge olhou e descobre ou acha que descobriu o(a) rival. Esquece-se da presença dos filhos e ataca: "Você não tem jeito mesmo! Apronta até na minha frente!". Os ataques podem ir da ironia fina à franca agressão.

O almoço de domingo é excelente quando todos estão bem, mas, quando há ressentimento, mágoa, ciúme, rejeição, raiva e desdém, é preciso ficar atento, pois qualquer motivo é pretexto para um atingir o outro.

> **Se eles querem conversar a respeito de traição, que seja em situação conjugal, e não familiar. Os filhos não devem participar das dificuldades conjugais.**

ALIMENTANDO A AUTOESTIMA FAMILIAR

O TEMPO DE CONVIVÊNCIA FAMILIAR diminuiu bastante, mas comer continua sendo necessário. É importante que os pais deem mais importância à companhia dos filhos e ao papo que rola solto do que à refeição propriamente dita. A boa convivência familiar é o melhor alimento da autoestima, é o que leva à saúde social.

Um dos filhos diz que não tem fome, outro que não quer comer. Então que não comam, mas devem sentar-se à mesa para papear com todos, trocar ideias, contar piadas, fatos interessantes, acontecimentos inusitados, fofocas, procurando atualizações mútuas. O importante é que o clima seja agradável: não é hora de cobrar dívidas, dar broncas, chamar a atenção ou conversar sobre assuntos que diminuam, ridicularizem ou constranjam alguém. Para tudo isso, há outros momentos mais oportunos.

Nessa hora não vale ficar isolado no quarto, mesmo plugado no mundo via internet, ou largado na frente da televisão, ou até curtir um iPod®, com o som radical despejado diretamente no cérebro através dos fones de ouvido, muitíssimo menos entabular uma longa, pausada e/ou apaixonada prosa ao telefone...

O pai, também, tem mais é que deixar os relatórios do trabalho de lado, e a mãe não ficar apenas preocupada se todos estão comendo bem, ou se comportando educadamente à mesa. O mais importante é a presença física e psíquica de todos. Depois faz-se o mutirão da retirada dos pratos com a participação de todos. Até a caçulinha pode levar sua colher para a pia.

> **O ambiente de time familiar se forma nessas reuniões, que dão a cada um a sensação de ter alimentado a alma. É uma das maneiras mais práticas de todos se envolverem com todos, de se atualizarem com o que acontece a cada um. Surge o espírito de equipe, de família, de pertencer.**

Quanto mais os familiares se reúnem, mais assuntos têm para as próximas reuniões. Quem não pode participar sente falta do time, e o time se ressente de sua ausência. Desenvolve-se a sensação de pertencimento, que fornece o alimento para a autoestima grupal (o orgulho e o bem-estar de pertencer a um grupo ao qual se dedicam integralmente).

Se for impossível alimentar a alma todo dia, sejam quais forem os motivos, a família deve organizar-se para que ao menos uma vez na semana aconteça a reunião familiar, na qual comidas e bebidas são caronas.

Quem pertence a um time familiar (grupo) tão forte não fica tentado a participar de grupos de fanáticas seitas religiosas, traficantes ou usuários de drogas etc.

CONVERSA COM OS FILHOS

A separação de um casal sem filhos costuma ser mais simples do que a separação com filhos. O casal sofre, mas não envolve tanto outras pessoas. E, além disso, nos dias de hoje, a separação de bens quase sempre já está prevista no contrato de casamento.

Quando o casal tem filhos, a situação se complica. Inclusive o distrato de casamento é rigorosamente julgado para que os filhos não sejam prejudicados. É preciso, ao conversar com eles sobre a separação, que os pais sigam algumas regras claras e compreensíveis em relação às questões básicas:

- Explicar o motivo da separação (sem entrar em muitos detalhes nem em questões subjetivas).
- Informar quando e como será (informações práticas).
- Explicar o que acontecerá com eles (sem responsabilizá-los nem envolvê-los, estando porém abertos a ouvir seus desejos).
- Dar guarida a todos os sentimentos dos filhos.
- Responder a todas as perguntas pertinentes.
- Reforçar o fato de que os pais não serão ex-pai nem ex-mãe.

O melhor momento para falar da separação com os filhos é *depois de estar seriamente assumida pelo casal*.

Infelizmente não é o que costuma acontecer. Geralmente um dos cônjuges está secretamente envolvido com outra pessoa e vai saindo de casa aos poucos. Talvez o outro tenha percebido há tempos, mas, para não prejudicar os filhos, sofre calado. Contudo há situações em que toda a família é surpreendida.

Não há motivo para conversar com os filhos a cada momento sobre tudo o que acontece com o casal: se saíram juntos, se brigaram, se estão pensando em se separar etc. Mesmo que sejam afetados, os filhos não devem viver a situação conjugal. Mesmo sem esconder fatos, é preciso poupá-los dos sinais amarelos, sejam congelantes, sejam explosivos.

A melhor forma de comunicar é criar um momento de conversa do casal com todos os filhos[17]. Isso evita que cada um receba a mesma notícia de maneira diferente, não só porque os pais podem realmente falar de conteúdos e formas distintas mas também pelas diferenças de idade entre eles, o que leva a diferentes divagações, muitas vezes sofridas e desnecessárias.

Nem sempre essa solução é possível, pois é difícil juntar pais já separados, sobretudo quando restam conflitos conjugais mal resolvidos. Se resolverem conversar separadamente com os filhos, devem tomar cuidado para não deixá-los na posição de árbitros ou de prêmios, sem acusar o cônjuge ausente, que não tem como se defender, nem mobilizar os filhos contra ele à medida que manifestam seus sofrimentos, maximizados ou não.

Convém lembrar sempre que o filho, além de não sair fortalecido se um dos pais for massacrado (justa ou injustamente) pelo outro, vai ficar inseguro e com maus sentimentos dentro de si.

---

17 Leia mais sobre o assunto no trecho "Pais separados", do livro *Seja Feliz, Meu Filho!*, de Içami Tiba. São Paulo: Integrare, 2006 (N.E.).

O melhor lugar para ter essa conversa é a própria casa, sem interrupções de nenhuma natureza. É importante reservar bastante tempo, para que todos os filhos sejam ouvidos. Não se deve interromper o fluxo das emoções. Raiva, culpa, lágrimas ou agressividade têm de ser expressas. Os pais devem responder de forma clara mas não fria às perguntas, com o cuidado de delimitar o que é problema conjugal e o que diz respeito ao relacionamento entre pai e filhos e mãe e filhos. É preciso, também, que aquele que for atingido de forma indevida tenha espaço para se manifestar.

Às vezes, ao receber a notícia da separação, os filhos a aceitam sem reação, isto é, "engolem o sapo". Digerido ou não, com o tempo o sapo terá de ser eliminado. Então podem surgir reações aparentemente inesperadas, através de comportamentos que escapam ao controle, como queda no rendimento escolar, grande apatia, insônia, isolamento e até mesmo somatizações, como dores de cabeça, de estômago e mau funcionamento intestinal. Tudo pode doer. É o corpo chorando as lágrimas que os olhos contiveram.

Distúrbios fisiológicos e psicológicos dos filhos podem ser lágrimas do corpo que os olhos não puderam chorar.

Durante a conversa, pai e mãe precisam ficar atentos para não responsabilizar os filhos nem arrancar promessas de ninguém, evitando ao máximo acusações e cobranças mútuas. Devem deixar bem claro que os filhos não têm culpa nem poder de separar ou unir o casal e que a responsabilidade de pai e mãe e relação afetiva deles com os filhos não se desfazem jamais. Contudo, como ex-cônjuges, eles terão de fazer modificações que afetarão a vida da família.

É comum crianças pequenas pensarem que os pais resolveram se separar por causa de algo errado que elas fizeram: "Eu não vou bem na escola"; "Papai está bravo comigo, por isso vai embora". A criança pode se culpar e se responsabilizar pela separação por ter sentido ódio do pai ou da mãe por qualquer razão e desejo de não vê-los mais pela frente. Isso é natural, pois as crianças pequenas veem o mundo de forma egocêntrica.

Cada filho tem sua capacidade de compreensão e de absorção, o que o leva a uma interpretação única da realidade. Os pais precisam encontrar estratégias que tragam menos sofrimento à família, lembrando que a criança sente, pensa, age e existe de maneira muito diferente do adolescente.

> **Nenhum casal se separa para piorar, e sim para melhorar a vida, mas pode piorar muito se continuar brigando após a separação.**

UNIVERSO DOS "EX"
AO LONGO DA VIDA pode-se trocar de companheiro, desde que a morte do amor os separe. Viver bem juntos é desejável, mas viver unidos pelo compromisso firmado no passado, quando nada mais existe entre ambos,

é pouco saudável. Como disse o grande poeta Vinicius de Moraes, o amor é infinito enquanto durar.

O homem e a mulher se comportam de modos distintos na separação. Os bens são divididos: ele fica com os bens materiais, o dinheiro; ela com os bens afetivos, os filhos. Hoje essas divisões são menos radicais.

Hoje em dia não é raro que a mulher separada com filhos volte a morar com os pais, principalmente por questões econômicas e administrativas. Não é uma reminiscência machista, pois, quando há possibilidade, a maioria prefere continuar morando em sua casa com os filhos enquanto o marido procura outro lugar para morar.

Percebo que homens separados agem de forma muito diferente. Alguns homens desaparecem da vida dos filhos e se comportam como se fossem solteiros. Saem de casa e vão para um *flat*, abandonando o esquema familiar. Se têm dinheiro, querem morar sozinhos e aproveitar a liberdade. Se querem liberdade, é porque se sentiam presos e vivem um período de nomadismo sexual. Às vezes, cumprem apenas o que a lei determina em relação à antiga família. Acabam se transformando em "ex-pais".

Entretanto, o homem tem evoluído, e alguns, ao "montar" sua moradia, têm condições de reservar também um ambiente para os filhos – que podem dormir lá nos fins de semana ou em qualquer outro dia. Esses ex-maridos não vão se transformar em ex-pais. E os filhos podem contar com eles, pois muitas vezes os pais se revelam até mais participativos do que antes, quando eram casados com suas mães.

De modo geral, o homem descasado se ufana da nova independência e autonomia. Logo arruma companheiros(as) para a farra. Enquanto isso, a mulher ainda se sente desvalorizada se não tem um companheiro ou uma relação estável. Quando isso acontece, não raro ela acaba tentando compensar a frustração afetiva conjugal exagerando no papel de mãe. Acaba sendo hipersolícita para os filhos e continua exaurindo a sua própria autoestima por não estar se realizando. Nem sempre, porém, os acontecimentos seguem esse padrão. Há homens que sofrem muito ao serem "largados" pelas mulheres, que ficaram com os filhos. Há também mulheres que ficam muito mais soltas e saem à noite, viajam com amigas, realizam sonhos (antes) impossíveis, inclusive assanhamentos até então impensáveis.

Em geral, a mulher fica com os filhos e tenta manter a dinâmica familiar. Se arruma um namorado, ele entra numa família constituída. Portanto, ela continua no esquema familiar enquanto o ex-marido volta à vida de solteiro. Às vezes os filhos manifestam o desejo de morar com o pai. Nesses casos é preciso averiguar se o interesse dos filhos se deve ao afeto ou à possibilidade de ter uma vida economicamente mais folgada e psicologicamente mais solta que na companhia da mãe.

O homem separado tem a liberdade de fazer o que quiser. Mas logo percebe que precisa cuidar das próprias roupas, da comida e de tudo o que era feito ou cuidado antes pela esposa. Nem sempre ele consegue estruturar a vida sem a ajuda de uma mulher.

SEPARADA E EXUBERANTE

Quando o homem é machista, a mulher se liberta com a separação. Do ponto de vista pessoal, ela em geral sai ganhando. Com maior autonomia, cuida-se mais, empenha-se no trabalho, tem mais possibilidades de participar de reuniões e de viajar. Deixa de ser "uma mulher do lar que trabalha" e adquire o *status* de "pessoa que trabalha e tem um lar". É a *working-mother*.

OS FILHOS NO FOGO CRUZADO

Em algumas separações, a mãe e o pai usam os filhos como armas numa guerra infindável entre ambos. Muitos pais, mesmo com boas condições financeiras, acham um exagero pagar pensão alimentícia aos filhos, já que não convivem com eles. Vale a pena lembrar que, mesmo que a mulher não tenha trabalhado após o casamento, terá cooperado muito com o marido, dando-lhe base de sustentação para o trabalho. Assim, embora o pai tenha a posse do dinheiro, os dois lutaram para ganhá-lo.

Há, porém, mulheres que tentam se aproveitar da separação para extorquir uma pensão exagerada, seja por interesse, seja para agredir o antigo companheiro ou até mesmo vingar-se dele. Um não quer dar. O outro quer mais. Aí é que um realmente se recusa a dar até o mínimo indispensável. Isso leva o outro a querer muito mais... E a briga continua! O pai ataca os filhos para agredir a ex-mulher. Briga para reduzir a pensão só para chateá-la. Usa os filhos em sua defesa em conflitos não resolvidos com a mãe deles.

Em meio a todos esses ardis, há seres humanos inocentes que precisam do pai e da mãe para se tornar cidadãos. Os casais separados não podem jamais esquecer as responsabilidades sobre os filhos.

⋮

Algum tempo atrás acompanhei um rapaz de 16 anos cujos pais tinham se separado havia quatro. Ele morava com a mãe e quis morar com o pai, que ficou feliz com a ideia de ter a companhia do filho. A mãe estava prestes a concordar quando descobriu que o filho era usuário de maconha. Como o pai ficava fora o dia todo, o garoto usava sua casa para fumar com um amigo. A mãe também trabalhava fora, mas telefonava durante o dia e o incomodava.

Quando a maconha foi descoberta, chamei os pais. Foi muito bom ter conversado com ambos, porque se responsabilizaram igualmente pelo filho. Estavam separados, mas continuavam a agir como pai e mãe. Embora não se falassem, o interesse pelo filho foi maior. Com tratamento, ele parou de usar a droga.

⋮

PAI FOLGADO, MÃE SUFOCADA OU VICE-VERSA

Não é raro que o pai separado tente comprar o perdão dos filhos com passeios e viagens. Arma-se, então, o modelo clássico do pai recreativo e da mãe sacrificada. A mãe acompanha as tarefas da escola, leva ao médico, cobra disciplina. Acaba se tornando a "mãe chata". O pai faz grandes gestos, "aparece" na frente dos amiguinhos, leva o filho e toda a turma à lanchonete e faz festa com tudo É o folgado que se transforma em "papai-show".

> **Algumas crianças pisam na alma dos pais que se remoem de culpa pela separação.**

Quando um cônjuge assume a responsabilidade pela separação, sofre acusações e cobranças do parceiro e dos filhos, que descarregam nele – o culpado assumido – a raiva pela frustração de não ter mais os pais unidos. Se os pais não tiverem postura firme, de educadores, essa situação poderá atrapalhar a formação dos filhos.

MEU FILHO, MINHA VIDA!
UM DOS GRANDES RISCOS DA SEPARAÇÃO é que um dos pais se anule e passe a dedicar-se totalmente aos filhos. Naturalmente, eles crescem e se tornam independentes, o que a mãe ou o pai hipersolícitos não estão preparados para aceitar. É da vontade dos pais que os filhos cresçam, mas tal crescimento implica maior autonomia, ter vida própria e, portanto, se afastar um pouco dos pais.

Então o pai e a mãe, ou um deles, ficam sozinhos porque os filhos alçam voo e vão preparar seu ninho em outro lugar. Se eles não tiveram vida própria por viverem apenas para os filhos, são acometidos pela "síndrome do ninho vazio", mais insuportável ainda porque, depois de velhos, não sabem mais viver para si mesmos.

Cabe aos pais ajudar os filhos a ter vida própria. Essa, aliás, é a parte mais difícil da educação: preparar o filho para sua independência. O bom educador trabalha para que o educando dependa cada vez menos dele.

Há pais que dizem: "Quero meu filho sempre comigo. Saber tudo da vida dele, ser seu melhor amigo". Essa é uma pretensão que foge à realidade. Pai tem de ser pai. Mãe tem de ser mãe. Amigos são escolhas afetivas.

> **Amizade é uma qualidade relacional diferente. Com o amigo, o filho faz farra, transgride, troca segredos íntimos, compartilha dores de cotovelo.**

Quando estão com os amigos, os filhos fazem coisas que em geral não fazem com os pais (e não deveriam fazer mesmo). Os pais devem educar. O pai e a mãe podem ter um excelente relacionamento com o filho, mas atribuir-se o título de seu melhor amigo é pura pretensão.

CAPÍTULO 7
Cidadania dentro da nova família

Atendi muitas famílias em consultoria familiar, uma técnica desenvolvida por mim, baseada na minha Teoria Integração Relacional – teoria que criei a partir da bagagem que construí ao longo do meu percurso profissional. Acompanhei assim a evolução da família DNA para a família *bytes* e formulei várias propostas que têm atingido bons resultados. A seguir, algumas destas propostas.

A educação hoje é um projeto racional, regado a muito afeto, para que os filhos sejam cidadãos éticos. Não ofender, não agredir nem explorar os mais fracos, mas sim ajudá-los. Não sabotar, não menosprezar nem explorar o mais forte, mas sim reconhecê-lo e pedir-lhe ajuda. Não competir nem destruir os iguais, mas sim associar formando parcerias. Ajudar, ser ajudado e associar são as ações mágicas que acabam com preconceitos positivos ou negativos e exclusões dos diferentes.

Minha proposta para a nova família é a Cidadania Familiar: há que se começar a praticar em casa o que terá que ser feito na sociedade.

Nessa nova família deveria funcionar o princípio de time. Todos são importantes, cada um na sua posição.

Não existiria a preconcebida autoridade dos adultos sobre os mais novos pelo simples critério de idade, ser profissional, ser mais forte etc., mas sim o princípio do mais ou menos desenvolvido.

Lideraria a posição em um determinado jogo quem nela fosse mais desenvolvido. Se necessitar de força física, lideraria o mais forte, por ter a força física mais desenvolvida, não o mais velho. Se o campeonato fosse de xadrez, iria o integrante da família experiente, não o mais inteligente. Se a questão é a internet, o líder é o que mais entende, não importa que seja um adolescente "problemático" em outras áreas.

Assim, esse time familiar teria a força do mais desenvolvido em cada jogo, e não a de um jogador que tivesse que representar sozinho a família na força física, no xadrez e na internet. Se o foco é fazer dos filhos cidadãos éticos, é importante que os adultos (pais ou não) também o sejam para transmitir a proposta, quer verbalmente por orientações, quer extraverbalmente pelas ações exemplares.

DIFERENTES RELACIONAMENTOS FAMILIARES

ATUALMENTE TEMOS QUE ACRESCENTAR às famílias já existentes as famílias monoparentais masculinas, monoparentais femininas, homossexuais masculinas, homossexuais femininas.

Os papéis não são mais determinados somente pela questão do gênero, do feminino e masculino. "Ser sangue do sangue" não é mais condição para que duas crianças ou adolescentes convivam e se considerem irmãos. Há casais que reúnem sob o mesmo teto os filhos do atual e dos antigos relacionamentos. E assim constituem uma grande e saudável família. Houve uma época, não há muito tempo, em que essas reuniões seriam simplesmente impensáveis.

Por um lado, as famílias aumentaram em número, mas a realidade é que a convivência diminuiu. Certamente não por opção, mas por necessidade, pelas exigências do mercado de trabalho, do custo de vida, dentre outras. Esse fato não diminui a importância da família, muito pelo contrário, a coloca em discussão e estudo para que, mesmo com as mudanças no mundo, as relações tenham qualidade e permitam que as pessoas cresçam, se desenvolvam, desenvolvam sua autoestima, para que possam ser felizes.

Quanto mais deparamos com os problemas das crianças e adolescentes, mais recorremos à família. Fica cada vez mais claro que aprendemos nosso lugar no mundo de acordo com o lugar que assumimos e que nos é dado dentro da família. A família tem então um enorme poder tanto para o bem como para o mal. Quando vivemos a Cidadania Familiar, colocamos no mundo seres humanos com potencial transformador da dura realidade que vivemos, tanto social quanto ecológica. Quando os criamos egoístas, individualistas, sem ética e valores, estamos alimentando essa doença social que vemos não só no Brasil, mas no mundo todo.

As novas configurações familiares podem confundir a cabeça das crianças, mas podem também ensinar muito sobre respeito, limite, tolerância e convivência. A grande preocupação que fica é que as crianças aprendam também que relacionamentos podem ser descartáveis, que não precisamos lutar tanto para que as coisas deem certo. Nenhum relacionamento é só alegria. Diferenças e discussões fazem parte e podem, ao invés de destruir, construir um relacionamento. É claro que há limite para a luta, há um ponto em que realmente a melhor solução é separar, mas pode vir então outro ensinamento, de respeito e acordo.

SEGUNDO CASAMENTO

EM GERAL, O SEGUNDO CASAMENTO é formado pelo homem sem filhos, porque os deixou com a ex-mulher, e pela mulher que traz consigo os filhos do primeiro casamento. Era mais comum antigamente o casamento do viúvo com filhos que procurava uma mulher sem filhos para se casar. Mas já há pais separados que têm filhos em guarda compartilhada e casam com uma mulher que é mãe com a guarda dos filhos. O DNA é ainda algo importante quando esse novo casal se separa e cada filho segue ou se deixa seguir pela sua herança genética. O que tem para ser resolvido é com quem ficam os novos filhos do novo casal. Geralmente as crianças acabam sendo ouvidas pela lei para declarar com quem preferem ficar.

É comum que o homem procure uma mulher muito mais nova, enquanto a mulher tende a relacionar-se com um homem mais velho.

É interessante notar que, de modo geral, o homem aceita ser substituído pelo padrasto, mas a mãe geralmente se recusa a abrir mão da maternidade.

Ela odeia, e proíbe quando pode, que os filhos chamem a nova mulher do pai de madrasta, palavra que deveria ser usada para nomear a nova mulher de um pai viúvo. Justifica-se com o argumento: "Enquanto eu for viva, sou a mãe de vocês, e disso não abro mão".

A nova mulher do pai, quando entra na jogada, mesmo que em paz, costuma enfrentar uma situação difícil, de resistência dos enteados e, não raro, hostilidade da ex-esposa. Felizmente, as crianças dessa geração têm aceitado melhor as madrastas, já que tem sido uma situação recorrente[18].

Quando a mãe sente que não consegue mais educar nem controlar os filhos sozinha, um novo companheiro pode contribuir para melhorar ou piorar a situação. É pior quando o novo companheiro aceita ser desrespeitado e/ou desqualificado pelas crianças. A mãe pode ser responsável por essa situação ao cortar qualquer iniciativa dele e desautorizá-lo diante dos filhos. Tal comportamento materno leva as crianças a dizer: "Não enche, você não é meu pai!". Elas devem ser educadas para, no mínimo, respeitar os mais velhos. A maioria dos homens não aceita ser desrespeitada por crianças, mas tudo muda quando se trata dos filhinhos da nova companheira.

A situação se torna melhor na presença de um novo homem quando a mãe não aceita que os filhos abusem do novo companheiro e reconhece nele uma autoridade saudável e capacidade de liderança.

---

18 Para saber mais, ler *100% Madrasta:* quebrando as barreiras do preconceito, de Roberta Palermo. São Paulo: Integrare, 2007 (N.E.).

> **O segundo casamento tem mais chance de dar certo, já que o casal aprende com os erros e sofrimentos anteriores.**

O casal aprende que amor e atração sexual não são suficientes para manter a união. É preciso ter mais saúde social, uma visão 360 graus da vida[19] e estar com mais disposição para:

- Resolver os conflitos e superar dificuldades.
- Tolerar e aceitar as diferenças, aprendendo com elas.
- Pedir ajuda no que for necessário e ajudar o outro no que for possível.
- Buscar novas soluções para velhos problemas.
- Enterrar velhos preconceitos.
- Atualizar a vida incorporando as novidades úteis para o cidadão ético.

Pois,

- Estar mais desenvolvido é uma questão de natureza, idade e/ou esforço próprio.
- Ser mais forte, inteligente, rico não é superioridade, mas ter maior desenvolvimento.

---

19 Para saber mais, ler *Você é o líder da sua vida*, de César Souza. Rio de Janeiro: Sextante, 2004 (N.E.).

- A cor da pele, estatura e beleza física diferenciam, mas não significam inferioridade ou superioridade.
- Ser adulto não é ser superior à criança, é ter maior desenvolvimento.
- Ninguém é superior ou inferior a ninguém, é uma questão de desenvolvimento.
- Ter poder, saúde, dinheiro, *status*, ser celebridade são desenvolvimentos passageiros, e o que realmente vale são as pessoas que somos e com quem nos relacionamos verdadeiramente.
- E se tudo isso for usado para o bem comum, temos chance de fazer deste planeta uma grande família.

MÃE SOZINHA EDUCANDO OS FILHOS

SE POSSÍVEL, A figura masculina e a feminina devem estar presentes e atuantes na formação do caráter da criança, mas nem por isso a falta de uma delas prejudica o futuro dos filhos. Há mais de 300 mil anos, antes de o ser humano sair das cavernas e montar a sociedade primitiva, a mãe já educava o filho. O homem se conhece como pai há apenas 12 mil anos: com a mulher descobrindo a agricultura, ele se fixou mais à terra, aumentando a convivência entre pais e filhos.

O poder e a sabedoria da figura feminina talvez tenham sido pulverizados ao longo do tempo pela dominação masculina. Mas a força matriarcal fica evidente na sociedade em períodos críticos, como guerras e doenças. Na ausência do homem, a mulher assume o comando da casa e dos filhos, e a família não se esfacela.

> **É crescente em nossa sociedade o número de "pães": mães que têm marido omisso ou ausente em casa.**

Elas podem assumir o comando por vários motivos: pais somente recreativos, desvalidos, dependentes químicos, doentes, falecidos... Até mesmo o pai que após a separação some da vida da antiga família, transformando-se em ex-pai.

A situação dessas "pães" pode se complicar quando há interferência da nova mulher do ex-marido na educação de seus filhos. Se as "pães" não aceitam tais interferências, geralmente abusivas, correm o risco de não receber do ex-marido a pensão alimentícia dos filhos.

Em algumas famílias, a presença do pai é altamente nociva. Ele abusa do álcool, é violento, sai com outras mulheres, não tem constância. No entanto, a mulher ainda lhe delega poder e autoridade. Não se acha no direito de mandá-lo embora. Sente-se insegura, apesar de capacitada a arcar sozinha com as responsabilidades familiares.

> **Mau pai presente é mais prejudicial que pai ausente.**

É comum que os filhos não respeitem pais omissos. E a mulher se abafa sob o manto da submissão à figura masculina, tornando-se enfraquecida e desrespeitada pelas crianças. Na realidade, esse desrespeito é consequência natural de sua submissão. Há outras mães que têm coragem de sair de casa com os filhos ou expulsar esse pai prejudicial. Mas ainda assim se subestimam. Consideram-se inferiorizadas e nem sempre assumem a autoridade educativa que poderiam ter. Às vezes, deixam-se carcomer pela culpa e responsabilidade de ter tirado o pai das crianças.

Se a presença paterna fosse absolutamente indispensável, todas as famílias sem pai formariam delinquentes – e isso não é verdadeiro. Quando o pai é ausente ou pouco atuante, a mãe tem de manifestar sua força para o bem-estar da família, independentemente das críticas que possa receber. Em situações de crise, a pessoa mais forte e capacitada a superá-las é que deve assumir o comando.

Há mulheres que cometem outro erro: obrigam-se a ser pai e mãe para compensar a carência paterna. Missão impossível!
...e mesmo que fosse possível, seria inadequada.

A incoerência, a insegurança e a inconstância são venenos mortais para a boa educação. Dão margem para que as crianças não assumam as responsabilidades e queiram impor suas vontades independentemente de consequências ou danos produzidos a terceiros. A parte do comportamento animal supera o comportamento humano. A delinquência surge quando não há autoridade. Como tradicionalmente a autoridade é representada pelo "deus-homem", ainda não se dá o devido reconhecimento à autoridade materna.

A mulher conquistou o mundo. Ganhou trabalho, dinheiro, *status*, voz ativa, direito a voto e a viajar sozinha. Ela se globalizou. Mas, se não se impuser como pessoa (e não serviçal) em casa, não será uma mulher integral.

Quando essas mulheres tratam de assumir suas verdadeiras forças, cobrando, exigindo responsabilidade e fazendo os filhos assumir as consequências de seus atos, a família começa a se organizar. As mulheres são mais capazes do que supõem e, portanto, precisam recuperar sua dignidade.

PAI SOZINHO EDUCANDO OS FILHOS

TALVEZ O PAI SEJA CAPAZ de cuidar sozinho dos filhos, desde que eles tenham muita autonomia. Caso contrário, terá de delegar essa função a alguém que possa ajudá-lo enquanto estiver trabalhando.

> **O pai ainda tem de evoluir bastante para conseguir fazer sozinho o que a mãe faz pelos filhos.**

Se muitos homens ainda se atrapalham nos cuidados consigo, como poderão assumir a responsabilidade pela educação dos pequerruchos? Não é tarefa impossível, mas é verdadeiro desafio. Quando os filhos são maiores, principalmente adolescentes, o pai pode se arriscar a tê-los consigo.

Há pais extremamente cuidadosos, que acompanham de perto a vida dos filhos, o boletim, o desempenho no clube, as atividades básicas do dia a dia etc. Mas ficar todo dia perguntando e às vezes verificando se as crianças escovaram os dentes é demais para eles.

Não é à toa que entra em cena a mãe dele, e os filhos passam a ter os cuidados da avó paterna. É o que acontece também com a mãe que tem de trabalhar e conta com a própria mãe para ajudá-la com os filhos.

⋮

Recebi certa vez no consultório um pai desesperado. Estava acompanhado de dois filhos, uma menina de 6 e um menino de 8 anos. Sua esposa havia ido embora e deixado com ele as crianças. "Não sei nem por onde começar!", ele dizia. Não sabia a rotina dos filhos, o que gostavam de comer, não sabia nada, apenas quanto pagava para escola, natação e outras atividades. Inicialmente esse pai se cercou de ajuda de uma irmã (também casada e com filhos) e de sua mãe. Aos poucos, como tinha possibilidade financeira, contratou uma babá e montou uma boa estrutura para as crianças. Antes ele era um típico pai provedor, ausente, distante. Agora descobria o pai que realmente podia ser, envolvido, interessado e mais feliz na relação com os filhos. As crianças passaram a ter um pai que não tinham antes. Parece difícil de acreditar, mas ficaram melhores emocionalmente do que quando viviam a situação anterior, com a mãe presente mas sempre deprimida e num casamento infeliz. Depois de um ano, a mãe voltou e quis reassumir seu lugar. É claro que isso não foi possível. Hoje estão separados, e o pai conseguiu ficar com a guarda das crianças, que agora estão reaprendendo a conviver com a mãe.

ARGUMENTOS CRUÉIS

"Vou embora de casa. Você me trata assim porque sou adotivo." Quando, por exemplo, um filho sabe que é adotivo, pode usar esse fato como arma e fazer ameaças para conseguir o que quer ao sentir-se contrariado, frustrado ou agredido, com ou sem razão, pelos pais. Principalmente quando percebe que esse é o ponto fraco deles.

É preciso muita calma para enfrentar essa provocação e ter firmeza ao dizer, olhando-o nos olhos: "Então vá! Agora! Com a roupa que está vestindo!", e em seguida abrir a porta da rua. Raramente o filho, biológico ou adotado, sai de casa sem ter para onde ir. Alguns, de fato, vão até a porta para intimidar mais os pais. E as crianças continuarão ameaçando enquanto sentirem que obtêm resultados vantajosos.

Nessa hora, o pai e a mãe precisam aguentar firmes e acrescentar: "Você só voltará se reconhecer seu erro, pedir desculpas e nunca mais disser que vai embora. Se sair outra vez, nem pedindo desculpas você volta!". Quando sente que pertence ao time da família, em geral o filho acaba abandonando a ideia de sair de casa.

> **Não se pode viver ameaçado por chantagens. Quem se submete, além de dar forças ao chantagista, também o é. Quem as enfrenta não as alimenta. Pelo contrário, acaba com elas.**

Muito cuidado, porém, pois na fase da onipotência da puberdade e da juventude o filho pode sair de casa para afrontar os pais. Na juvenil, após a mudança de voz do rapaz e da menarca da garota, o filho pode inclusive ter organizado sua sobrevivência por alguns dias na casa dos amigos.

Muitos filhos naturais também fazem armações com os pais quando estão na fase da rebeldia, do "eu não pedi para nascer". Fazem isso na tentativa de se safarem das responsabilidades, chegando, por vezes, a jogar pesado. Gritam: "Não suporto vocês, vou sumir! Fui." Ou: "Se vocês me amassem não fariam isso comigo!" e outras chantagens semelhantes.

Só cai na chantagem quem quer ter lucro fácil ou impedir uma perda significante. Assim, é preciso que os pais descubram por que caem nessas extorsões.

Os pais naturais podem negar com tranquilidade a adoção, mas, se estiverem inseguros, a segunda "afirmação" os abalará. Por sua vez, a mãe e o pai "do coração" que ainda não contaram sobre a adoção podem sentir-se ameaçados, como se o mundo que construíram estivesse em via de ruir.

É importante lembrar que uma boa integração relacional pode contribuir muito para ajudar a superar todos esses conflitos.

Pais adotivos podem ter a preocupação de não contrariar a criança, como se precisassem garantir o vínculo, já que não têm a garantia do DNA (que acreditam ser uma garantia, mas que não o é, necessariamente). Isso torna o filho frágil, pois não encontra os devidos limites, isso faz com que fique mais inseguro, perdendo a capacidade de superar frustrações.

Crianças sem limites não são educadas, estão simplesmente criadas. Uma criança educada adequadamente é mais feliz que outra simplesmente criada, pois sabe usufruir o que tem e não chorar pelo que não tem.

> **Não deve haver diferenças na educação de filhos adotivos e naturais. Quanto maior for a saúde relacional, menores serão os conflitos resultantes da adoção.**
> **É essa naturalidade que dá segurança afetiva ao adotado.**

FILHOS PELO DNA

São pessoas, principalmente crianças e adolescentes, que buscam certificar sua paternidade pelo exame do DNA. Em geral, esse exame é solicitado para forçar o homem a reconhecer a paternidade de alguém que quer ser declarado como seu filho. Também pode ser empregado pelo homem que quer negar a paternidade de alguém que a pede ou exige.

Raramente a mulher nega a maternidade, portanto é raro o pedido de exame do DNA para reconhecimento de maternidade. Diferentemente dos pais, são as mães que pedem para provar que de fato são mães, para confirmar a maternidade. No ano de 2000 atendi alguns homens que descobriram ser pais DNA. São pais puramente biológicos e não há nenhuma convivência entre eles e os filhos.

⋮

Dagoberto é um profissional bem-sucedido e bem casado, com dois filhos na puberdade. Sua família é bem constituída. Certa vez ele recebeu no trabalho um telefonema de uma garota que queria vê-lo. Depois de muita conversa, ela explicou que era filha dele, resultante de um curto relacionamento de solteiro. Sua mãe assumira uma "produção independente". Tudo ia conforme fora planejado até surgirem conflitos relacionais, agravados pela entrada da menina na adolescência. Como a mãe não conseguia mais conviver com a filha, revelou finalmente a identidade do pai e lhe deu o telefone dele, pois nunca perdera de vista o homem que escolhera e usara como doador dos genes masculinos. Na realidade, ele, sem saber, participara com seu DNA na formação de um outro ser humano. Depois do brevíssimo envolvimento, ele nunca mais tivera notícia da mulher, tampouco da existência da filha, até ser procurado por ela.

⋮

A frequência de pais biológicos descobertos em exames de DNA tem aumentado. Os homens que enfrentam essa situação, em geral casados e com filhos, são chefes de família bem-sucedidos e bem situados social e economicamente.

Numa despedida de solteiro, cercado de amigos, com bebidas e em clima de ser a "última chance de aprontar", como se o casamento fosse lhe tirar totalmente a liberdade, o festejado noivo pode ser usado por uma mulher que deseja uma "produção independente". A vítima é perfeita: vai se casar e não a procurará mais. Na maioria das vezes, a gravidez, longe de ser inesperada, pode ser premeditada pela futura mãe. O que ela quer é ter um filho, não um companheiro.

Os nômades sexuais têm relações sexuais com quem encontram pelo caminho. Para a gravidez ocorrer, é preciso que o espermatozoide se una ao óvulo. Isso pode acontecer numa única relação sexual se a mulher estiver no período fértil. A mulher carrega a gravidez por nove meses. O homem desaparece, esquecendo-se da relação sexual fortuita.

O mais comum é que a filha DNA (e não o filho DNA) busque o pai, principalmente na adolescência, motivada mais por questões afetivas e relacionais que econômicas, embora elas também possam existir, pois quanto mais os filhos crescem mais caro e mais difícil se torna mantê-los.

...E o que faz um pai que descobre, no presente, que tem uma filha DNA já adolescente?

Os filhos DNA costumam ser produtos de encontros anteriores ao casamento, mas podem ser fruto de relações extraconjugais, que suscitam questões delicadas: como contar à esposa? Como falar com os filhos? E se os filhos quiserem se conhecer? Leva ou não o filho DNA adolescente para morar com a família atual? A confusão está armada!

Se o relacionamento familiar é saudável, a esposa tende a se aliar ao marido para que trabalhem juntos e suportem essa carga. Em relacionamentos periclitantes, a descoberta pode precipitar crises e até rompimentos. Normalmente, as esposas aceitam com mais facilidade o filho DNA que é anterior ao casamento.

Poucos pais levam os filhos DNA para casa. Resolvem a situação de outra maneira. Dão suporte financeiro, mas os mantêm a distância.

CAPÍTULO 8

Geração digital e o desafio de educá-la

NÃO DÁ PARA NEGAR. As crianças são muito mais inteligentes hoje do que no passado. Estimuladas desde cedo por brinquedos interativos, televisão, computador e um volume gigantesco de informações, elas estabelecem maior número de ligações entre os neurônios. A diversão hoje envolve desafios mentais, e mesmo brinquedinhos têm finalidades psicopedagógicas apropriadas às diversas idades. As crianças não escapam da telinha nem correm mais soltas na rua. Mais de 60% da população paulista mora em condomínios verticais e horizontais. Para lidar com tantas novidades, o pai e a mãe têm de se preparar. É preciso atualizar-se. Não é mais possível ser um educador baseado somente nas próprias experiências como filho. Pois seria como usar martelos para corrigir programas de computador.

> **Quando Bill Gates fundou a Microsoft, era seu desejo que as pessoas tivessem as informações na ponta dos dedos. Hoje, os adolescentes e as crianças têm suas vidas na ponta dos dedos.**

Assim como nosso alfabeto contém 23 letras, a linguagem digital usa somente dois números: um e zero.

Tudo pode ser colocado em linguagem digital e transmitido em altíssima velocidade e em imensas quantidades a incomensuráveis distâncias. O mundo virtual é formado sob essa linguagem, e tudo se encontra na rede, a *web*. Tudo se encontra na ponta dos dedos. É por isso que chamo essa geração de digital, pois deseja ter sua vida na ponta dos dedos.

Dada sua variedade, apenas para facilidade de compreensão, a geração digital será dividida em várias outras: geração *zap*, geração videogame, geração internet, geração celular.

NOVAS GERAÇÕES QUE DOMINARÃO O MUNDO

Foram tão rápidas e sucessivas as imensas novidades e grandes mudanças provocadas nos costumes e comportamentos das gerações que é difícil classificá-las e dividi-las em fases nítidas. Acredito muito mais em acúmulos dos costumes conforme os avanços tecnológicos do que divisão das gerações com claras demarcações entre elas. Assim, uma criança de hoje tem um controle remoto da televisão para entrar nos seus canais infantis preferidos, assiste aos seus DVDs prediletos, enfrenta desafios dos seus joguinhos eletrônicos e já quer um celular nas mãos, sem se esquecer de acessar a internet.

Entretanto, faço esta apresentação sequencial mais por uma questão didática que propriamente querendo representar a realidade. Sei que se trata de uma visão parcial a respeito de uma global muito mais abrangente sobre um mundo onde tudo é simultâneo e rápido.

Creio que estamos vivendo uma geração infantil mais globalizada que outras gerações, porque as fronteiras entre países e culturas, povos e línguas estão desaparecendo no mundo virtual.

A impressão que tenho é que as influências culturais e familiares sofridas pela criança estão diminuindo bastante enquanto aumentam as tecnológicas, globalizadas, que cercam todo o mundo.

GERAÇÃO ZAP

É A GERAÇÃO QUE CRESCEU com o controle remoto de televisão nas mãos. Com ele conseguia controlar a televisão da poltrona, sentado longe, sem se levantar, andando ("zapeando") pelos canais até encontrar algo interessante. Só movia o dedo para apertar os botões do controle remoto.

O telespectador é quem assiste e testemunha os atos e cenas. O mundo se passa dentro da tela, sob o controle de seus dedos, sem que faça nenhum esforço, e prefere sempre estar à vontade. Quando algo não lhe agrada, ele simplesmente volta a "zapear", até encontrar um programa de que goste.

Apesar de essa geração ter já entre 20 e 40 anos, ainda hoje se encontra uma boa parte que assiste à televisão diariamente usando seu controle remoto. Não é raro, numa família, cada pessoa ter o seu aparelho de televisão.

Uma das características da geração *zap* é viver na poltrona como se o mundo passasse na tela e ela escolhesse o programa que interessasse, vendo-o até enjoar, e logo partisse "zapeando" pelos outros canais.

Mesmo que nada tivesse de interessante, assistiria ao que fosse menos desinteressante para não ter que sair da posição em que estava, largada na poltrona.

O surgimento do videocassete mudou um pouco a passividade do telespectador. Pelo menos ele poderia assistir em casa ao filme que escolhesse. Os pais passavam pelas videolocadoras para alugar alguns filmes. Esse costume rapidamente passou para os filhos, que acabavam esquecendo de devolvê-los no prazo, gerando conflitos familiares e despesas desnecessárias.

Não se pode dizer que esse costume já passou, pois vieram os DVDs para crianças, adolescentes e adultos. O número de locadoras de DVDs aumentou muito, já que hoje praticamente todos os lares têm um aparelho de DVD.

As crianças já nascem com telas interativas diante dos olhos. Em vez de olharem pela janela, que não oferece atrações participativas exceto a possibilidade de jogar objetos nos passantes, veem telas na sua frente.

Enquanto dá certo, permanecem no jogo; quando não conseguem superar os obstáculos, em vez de fazerem novas tentativas, trocam de jogo. Simplesmente mudam de tela. A maioria das crianças faz isso: descartam jogos difíceis e preferem brincar com aqueles em que vão melhor.

Daí resulta o grande problema dessa geração: a incapacidade de lidar com frustrações, que se transpõe para os relacionamentos sociais. Se algo não dá certo com uma pessoa, as criancinhas a agridem, deixam-na de lado, buscam outra. Descartam-na como se fosse videogame.

Púberes e adolescentes agem da mesma maneira ao "ficar" com alguém. Enquanto interessa, estão juntos; do contrário, abandonam a pessoa sem saber o nome da "zapeada". É o que tenho ouvido dos "ficantes".

E, assim, a geração *zap* se acostuma à quantidade e à superficialidade. Esta, aliás, é uma das tendências do mundo moderno que mais prejudica a sociedade: pessoas descartam umas às outras, pais abandonam filhos com facilidade; o que vale é satisfazer o objetivo pessoal; reina o individualismo.

As grandes empresas descartam pessoas como se fossem máquinas de produzir. Em vez de investir, educar, preparar, melhorar a formação e dar treinamento, trocam-nas e pagam um salário mais baixo a outras. "Há muita mão de obra disponível", prega a cartilha do capitalismo selvagem.

Pessoinhas fazem seu capitalismo pessoal. Vangloriam-se de quanto namoraram e beijaram. *"Serial kisses."* Abandonam quem não as satisfaz e passam a agir como piratas, extraindo o máximo que podem de pessoas e situações. Terminado o saque, mudam de alvo. Não preservam o quarto, o local de trabalho, a família. Detonam tudo pelo caminho.

Mas nem tudo está perdido. Quando há amor, capacitação e boa vontade, o rumo da história pessoal pode ser melhorado.

GERAÇÃO INTERNET

A ONDA DA INTERNET explodiu na década de 1990. A *web* (www) surgiu em 1991. *Web* é um espaço imaginário onde estão as informações (documentos, sons, imagens, vídeos...). Na *net* estão os computadores e cabos. Foi a junção *web* e *net* que aumentou absurdamente o número de usuários: de 600 mil para 40 milhões em cinco anos. A digitalização permitiu transformar tudo (letras, fotos, filmes, imagens, sons, vozes etc.) em *bits* e *bytes* (combinações de um e zero) para serem transportados de um lugar para outro a qualquer distância, em grande quantidade e altíssima velocidade, econômica e sem degradação do que foi transportado.

Um dos primeiros lemas de Bill Gates, para a Microsoft, da qual ele é cofundador, era de dar a cada indivíduo a "informação na ponta dos dedos".

> **Esta geração quer ter a sua vida na ponta dos dedos.**

Somando tudo, a internet que temos hoje é uma incalculável quantidade de *bits* e *bytes* formando o mundo virtual que pertence à *web*, ao qual se chega, através da net, ao alcance de cada habitante deste planeta.

GERAÇÃO JOGOS ELETRÔNICOS

Assim que surgiram, logo tomaram conta do mercado infantojuvenil, que hoje tem entre 15 e 30 anos de idade. Essa idade não delimita os costumes, pois também pertencia aos *zaps* e vídeos-DVDs, mas a grande vantagem foram os jogos portáteis. Aonde se vai pode-se levar o joguinho, com os botõezinhos sendo apertados clicados freneticamente por horas a fio.

A grande diferença dos jogos eletrônicos para os antigos, de tabuleiros, era a imediata e provocante interatividade com o jogador. Tais jogos, além de não precisarem de companheiros presenciais, prendem a atenção com tanta intensidade que por um descuido se pode perder o jogo.

Perder fazia parte do aprendizado do jogo, pois raramente algum jovem queria ler as regras escritas no manual que acompanhava o brinquedo. Aprendia-se errando e acertando. Quanto mais acertos, mais vitórias, e o vencedor poderia passar para a fase seguinte, esta mais rápida, mais complicada, mais difícil, portanto altamente desafiadora para o jogador, que assim ia se prendendo cada vez mais a fim de atingir seus objetivos.

Se as poltronas o deixavam mais passivo, os jogos deixavam o cérebro mais ligado, influindo no *modus vivendi* de cada telespectador ou jogador. Eles levavam a mesma posição para a vida. Assim, para os jogadores, o risco passou a fazer parte da vida real, e isso pode ser facilmente reconhecido nos novos empreendedores.

O grande choque era o conservadorismo da geração anterior em relação à ousadia empreendedora dos jovens. Os problemas começaram a surgir com as crianças que só empreendiam o que lhes interessava, largando sem o mínimo pudor a responsabilidade ou o dever. Então surgiu a internet, levando a interatividade para um tempo real entre pessoas de qualquer canto do mundo. Dos jogos eletrônicos para a internet foi um pulinho nos costumes, mas um passo gigantesco na mudança da cultura entre as gerações.

Os competentes se saem muito bem, mas a legião dos incompetentes é muito maior. Os vencedores fazem fortunas com o que antes era apenas diversão: os criadores do Google®, do YouTube®, os novos milhares de milionários do Vale do Silício nos Estados Unidos e outros tantos espalhados na Índia, Japão, Paquistão, Coreia etc. Arriscam tudo como se fosse um jogo, então podem tanto ganhar fortunas como perdê-las na jogada seguinte.

Hoje é raro um vencedor perder, pois ele é basicamente um atualizador, que se cerca de auxiliares competentes e é muito ágil para mudar o rumo do seu jogo. Aqueles vencedores que não são líderes acabam perdendo os *status*, pois logo se tornam ultrapassados. Mas os vencedores são os empreendedores que conseguem perceber e produzir o que as pessoas precisam, mesmo que elas ainda nem saibam que precisam. E a internet tem sido uma excelente ferramenta e campo de ação para esses novos vencedores.

Uma das características da geração internet é aprender o que lhe interessa pelo pesquisar, explorar, surfar e o fato de que o erro nem sempre traz perdas materiais, indo contra a escola clássica, onde, além de ser obrigado a decorar o que não lhe interessa, o aluno não tem opções de aprender o que lhe interessa.

É o mesmo princípio da educação usada antigamente pelos pais: primeiro tinha que se conhecer a teoria pelo manual para depois ligar o aparelho eletrodoméstico. Hoje a geração internet nem lê manuais; aprende pelos ensaios de acertos e erros e perguntando aos amigos o que lhe convém. Os professores e pais desta geração atual deveriam ir além de apenas apresentar lições, mas gerenciar o aprendizado e facilitar o acesso às informações para que o próprio jovem construa o seu conhecimento.

GERAÇÃO TWEEN[20]

As GERAÇÕES CONTINUAM surpreendendo os "psicoafins". Depois da tão preocupante "adultização" das crianças – assumir na infância responsabilidades de adulto, por isso não sobra tempo para brincar –, surgiu a "adolescentização" delas.

A *geração tween* é formada por crianças que já querem adotar comportamentos de adolescentes, usando bonés, tênis, tatuagens, surfando na internet, construindo seus *blogs*, participando do Orkut® e Facebook®, querendo sair para fazer programas de adolescentes. Nem seu corpo ou sua competência psicológica e preparo emocional estão prontos para tais ações e hábitos.

A menina nem tem seios e já usa sutiã. Se for apenas para ver como é, use em casa, em brincadeiras, para matar a curiosidade; da mesma forma que pinta os lábios, põe salto alto ou veste as roupas da mãe. Mas isso não deve se tornar um costume nem ser feito na rua. Não é adequado usar sutiã se ainda não há seios, assim como deixar de usá-lo quando necessário.

Há casos de meninas com mamilos avantajados cuja mãe se recusa a comprar um sutiã "porque ela

---

20 Em inglês, be*tween*: a criança entre a infância e a adolescência, geralmente de 8 a 12 anos de idade.

ainda é tão criança!". O bom-senso tem de prevalecer sobre a vontade dos pais. É necessário que os pais monitorem de perto os filhos *tweens* que só querem se divertir. Os maiores riscos são o envolvimento com drogas e a exposição a perigos desnecessários.

EDUCAÇÃO SEXUAL

ELA DEVE COMEÇAR CEDO. As crianças estão mais espertas e têm acesso a todo tipo de informação sexual. A curiosidade é natural. Saber como as pessoas enfrentaram certas situações pode apontar uma luz, trazer conhecimento, aumentar o repertório pessoal e fazer refletir. É natural, portanto, que as crianças demonstrem curiosidade e procurem esclarecer as dúvidas com as pessoas em que mais confiam: o pai e a mãe. Logo, não dá para escapar: mais dia, menos dia, o assunto entrará em pauta.

> **Não existe idade certa para falar de sexo com os filhos, e sim o momento adequado.**

A conversa deve acontecer sempre que surgir uma oportunidade. Diante da televisão, por exemplo. É comum a criança correr pela sala enquanto os pais assistem a uma novela, até que aparece uma cena de sexo e ela para diante da imagem. É a hora de a mãe e o pai dizerem que aquilo é natural entre gente grande; não podem simplesmente mudar de canal. Nem essa censura nem a repressão funcionam.

"Meu filho não se abre comigo" é uma queixa comum dos pais fechados. Sem perceberem, eles fogem de determinados assuntos e esperam que os filhos os procurem para conversar com eles a respeito. O clima de confiança precisa ser estabelecido desde cedo.

⋮

Um garoto de 9 anos perguntou à sua mãe como era uma camisinha feminina. "Não sei", ela respondeu, "deve ser como a masculina", e deu o assunto por encerrado.

⋮

As campanhas que recomendam o uso de camisinha dedicam-se mais aos homens. Não mencionam a camisinha feminina. O garoto ouviu falar dela, sentiu curiosidade e resolveu perguntar à mãe. Surpresa, ela optou pela saída mais fácil porém incorreta. Existem diferenças entre os dois preservativos. Enquanto o do homem envolve por fora, o da mulher envolve por dentro. Embora tenham vida sexual, muitas mães talvez ainda não o conheçam. Nesse caso, seria melhor admitir o desconhecimento e comprometer-se a pesquisar. O pai e a mãe não são obrigados a saber tudo. Mas não podem deixar uma dúvida em aberto. Devem procurar saber e ensinar, que é um gesto de amor, e daí surge a intimidade. Mais tarde, a primeira pessoa que o filho procura é a mãe (ou o pai), que sempre acompanhou cada fase de seu crescimento.

Na educação sexual, o importante é responder especificamente ao que se pergunta.

Em geral, o constrangimento da postura de protetor é tamanho que o pai ou a mãe resolvem dar uma aula de camisinha. Contam a história do preservativo e ficam aliviados. Mas precisam perceber se atenderam à necessidade da pergunta. Quase sempre o que a criança quer saber é o sentido prático: para que serve. Tirar o foco da pergunta só aumenta a curiosidade infantil.

Lembra-se? Se a criança fosse um carro de corrida, ao perguntar ela estaria fazendo um *pit stop*. Se a parada é satisfatória, ela segue na corrida; caso contrário, já na próxima volta terá de parar, até estacionar completamente. Portanto, é melhor dar a resposta de que ela precisa. Mesmo porque ela pode fazer o *pit stop* com outras pessoas.

Recentemente foi lançado um livro sobre puberdade feminina pela psicoterapeuta australiana Shushann Movsessian[21] numa linguagem atualizada, cheio de figuras e imagens ilustrativas, um livro que tem formato e mensagens em forma de revista que considero muito apropriada para mulheres de uma forma geral. Já atendi muitas mães para quem o funcionamento hormonal ainda era desconhecido. O interessante é que os garotos também irão se

---

21 Para saber mais, ler *Puberdade*: Só para garotas, de Shushann Movsessian. São Paulo: Integrare, 2007 (N.E.).

interessar, pois sobre o título *Puberdade* há um carimbo dizendo "Só para garotas".

MESADA

UMA DAS PERGUNTAS mais comuns em palestras é sobre a mesada: será que colabora na educação? Sim! Para ajudar a criança a se organizar, nada melhor que algo pelo qual possa se responsabilizar e seja materialmente mensurável, como o dinheiro.

> **Crianças que aprendem a administrar bem a mesada vivem melhor que as descontroladas.**

A mesada deve se destinar aos gastos do dia a dia da criança. É para supérfluos, como figurinhas, adesivos, canetinhas coloridas, revistinhas etc. O dinheiro da mesada não deve cobrir despesas essenciais, como mensalidade escolar, lanche e roupas.

O dinheiro do lanche, aliás, não deve ser guardado por ela, nem ser gasto com outras compras. Se a criança não gastar com alimento toda a quantia que recebeu, o troco fica para o lanche do dia seguinte ou é devolvido. Assim, ela aprende que o dinheiro do lanche se destina a comprar alimentos na cantina da escola. Outro uso deve ser considerado desvio de verba. Quando a criança "desvia a verba", deve ser ensinado que ela administrou de forma errada o dinheiro do lanche. Apesar de estar nas mãos dela, o dinheiro não é dela.

Ela tem a responsabilidade de administrar bem o que não é seu. Os pais retiram esta responsabilidade e a criança volta a levar lanche de casa. Na outra semana tenta outra vez; é a oportunidade para o aprendizado.

Em termos educativos, vale mais a pena dar o dinheiro do lanche todos os dias, para que a criança aprenda a lidar com a moeda, em vez de abrir uma conta na cantina escolar sem limite de gastos. "Comprar fiado" pode ser cômodo para os pais, porém é péssimo para a educação.

A riqueza desse aprendizado impede que a criança apareça em casa com objetos trazidos da escola: primeiro uma caneta, depois uma blusa, dinheiro e por aí vai.

> **A criança aprende a cuidar do que é dela e a respeitar e devolver o que é do outro.**

Se a criança não tem noção de valor, chega com as moedinhas e pergunta: "Isto dá para comprar balinha de tatuagem?". Então ainda não é hora de receber mesada. Assim que aprender o valor do dinheiro, o que ocorre muito mais depressa do que os adultos imaginam, os pais podem começar a lhe dar pequenas quantias.

Quanto dar de mesada? Depende do meio em que a família vive e da idade da criança. Cada faixa etária tem seus interesses particulares. O valor deve ser suficiente para que a criança compre figurinhas aos poucos e consiga completar o álbum em alguns meses.

Comprar todas as figurinhas de uma vez foge do princípio educativo de lidar com o dinheiro. Uma das características do colecionador é juntar aos poucos, e não comprar tudo de uma só vez, ou comprar um álbum completo. Com isso, ele aprende a lidar com a espera e o imediatismo, a valorizar as figurinhas que tem e a negociar com outros colecionadores.

Apesar de o dinheiro da mesada ser da criança, é importante que no início os pais supervisionem seus gastos. A mesada é uma boa oportunidade de ensinar os filhos a gastar dinheiro levando em conta a relação custo/benefício. Vale a pena gastar aquela soma para comprar certo objeto? Esse aprendizado será útil no futuro. Crianças têm gostos inocentes, mas um onipotente juvenil de 17 anos talvez queira comprar drogas com o dinheiro dele, já que formou a noção de que pode fazer o que quiser com o próprio dinheiro.

Supervisionar os gastos do filho e impedir que avance nos bens do irmão é tarefa dos pais. A mesada permite observar as relações estabelecidas entre irmãos folgados e sufocados, diarreicos e entupidos, sem limites e adequados. Os primeiros vivem antecipando mesadas. No começo do ano já querem adiantar o presente de Natal. Esse é um sinal de que o filho ainda não está pronto para lidar com o dinheiro, e os pais vão errar se atenderem a todos os seus desejos, que ainda não passaram pelo crivo da adequação, confiando demais na capacidade dele. O diarreico fica contente de comprar, mas não em usufruir o que comprou. Incapaz de administrar sua verba, ele gasta em coisas que estão fora de seu alcance. O extremo oposto do diarreico é o entupido, que morre de vontade, mas não gasta nada. Guarda tudo e sofre privações na ânsia de economizar. Quem sabe juntar dinheiro provavelmente terá uma vida mais organizada e saudável que aquele que está sempre correndo atrás do prejuízo, mas convém tomar cuidado com exageros e saber desfrutar do que se ganha.

Uma das formas de ajudar a controlar é descontar as dívidas na fonte, fazendo valer a máxima "dívida é a primeira coisa que se paga". E estabelecer o pagamento de juros. De cada R$ 10 emprestados, por exemplo, R$ 1 é de quem emprestou. É bom que esses juros sejam "extorsivos", piores até que os cobrados por bancos, para impedir que o filho adquira o costume de tentar viver com mais do que ganha – o que, aliás, é o grande problema de boa parte dos brasileiros. O que os bancos mais fazem é emprestar para gente que gasta além de suas possibilidades.

VALE: DESEQUILÍBRIO FINANCEIRO

É PRECISO CUIDADO ESPECIAL quando os filhos começam a fazer vales com avós e funcionários da casa. A fonte de dinheiro tem de ser só os pais. E, se acabou, acabou! Do contrário, a criança vai gastando, sem se importar se o dinheiro é dela ou dos outros.

Quando consegue o dinheiro através de vales, ela fica muito satisfeita, mas não tem a preocupação de pagá-lo. Conta com a benevolência e o perdão dos credores. Se esses são os primeiros passos de sua vida financeira, como pretende agir futuramente?

TELEFONE CELULAR

Muito se tem escrito sobre o uso de celulares na infância, se os pais devem ou não dar um aparelho aos filhos, pois não são as crianças que compram e muito menos que pagam a conta.

Se dependesse apenas dos pais, eles dariam sempre, mas é preciso que levem em consideração a sua utilidade.

> **O telefone celular é uma facilidade que melhora a qualidade de vida, mas pode também ser uma necessidade.**

Antes de decidir, os pais devem observar, dentre os telefonemas que o filho recebe em casa, quais são os essenciais. Bater papo com amigos, jogar conversa fora ou passar trotes não é fazer bom uso do celular.

Muitos pais têm dado aos filhos um celular com limite de gastos, o pré-pago. Mais interessante do que saber quanto foi gasto é observar com o que isso foi feito. Não importa só o resultado, mas também o caminho percorrido. Quando acabar, ganha outro cartão? Em quanto tempo? Os pais têm de discutir e supervisionar o uso do aparelho.

Se o filho vai viajar e os pais querem notícias, é bom que saibam que os adolescentes não atendem o celular porque podem estar fazendo o que não devem.

Quando um filho não atende o chamado dos pais, é bom que o uso do celular seja suspenso por uma ou duas semanas, num tempo igual ao que fica proibido de sair para se divertir. Se não atende os pais, não tem por que atender amigos. Depois retorna o uso, mas, no primeiro não atendimento, suspende-se com uma semana a mais do que foi da última vez. A finalidade é educar o uso e não tomar o celular do filho.

VIDEOGAMES

É UM DOS BRINQUEDOS que mais distraem as crianças, mas ao mesmo tempo o videogame também representa um perigo: o vício. É importante saber quando o filho está passando dos limites saudáveis. Os excessos podem ser percebidos pelos seguintes sintomas:

- É difícil parar de jogar.
- Qualquer tempinho que sobra ele começa a jogar "só um pouquinho".
- Atrapalha as atividades familiares de convivência: papos, saídas, jantares etc.
- Fica sem tempo para fazer os deveres escolares.
- Avança no horário de deitar-se e apresenta dificuldade para acordar.
- Há brigas porque invadiu horário de outros jogarem etc.

Quando há excesso, é porque a criança perdeu o controle. Então é preciso que alguém, principalmente a mãe ou o pai, a ajude a recuperá-lo. Um dos meios é estabelecer um horário para parar de jogar. Os pais não devem cair no seguinte argumento: "Espera, pai, está faltando só um pouquinho para terminar o jogo". O que está combinado é parar de jogar, e não terminar o jogo, que tanto pode acabar dali a minutos quanto levar muito mais tempo. Caso a criança não aceite esse horário, não deve nem começar a jogar. O que está combinado tem de ser cumprido.

Quanto maiores forem os prejuízos para as suas atividades, menor deve ser o tempo estipulado para o jogo. Como não se trata de castigo, e sim de arcar com as consequências do jogo, à medida que os prejuízos são recuperados a criança ganha mais minutos para jogar.

VIDEOGAMES & VIOLÊNCIA

Existe uma corrente de pensamento que acha que videogames violentos estimulam a violência nas pessoas. Há situações em que o cérebro "acredita" que o jogo violento dos videogames é real. Isso provoca fortes descargas de adrenalina e de neurotransmissores, como ocorre em brigas reais. Os jovens que brincaram com videogames violentos na infância seriam mais violentos que os que não brincaram.

Outra corrente acha que tais jogos não provocam tanta violência assim. Caso contrário, o Japão – e outros países asiáticos produtores desses *games* – estaria submetido à violência de seus jovens, pois a maioria quase absoluta brincou com videogames violentos. Para essa corrente, o cérebro "sabe" que está simplesmente assistindo a videogames violentos, e não interagindo física e emocionalmente com eles.

Não existe um padrão absoluto. Os videogames violentos podem predispor à violência aquelas personalidades ou os que vivem em ambientes favoráveis a seu crescimento. Há pessoas que nascem mais agressivas que outras. Estas, quando crescem em ambientes favoráveis à violência, podem se tornar mais violentas que outras. Nesses casos, os *games* podem agravar a situação.

Outras pessoas, por falta de limites, por tolerarem menos as frustrações do cotidiano, por se acharem no direito de fazer o que têm vontade, sem a mínima consideração com os outros, podem se tornar muito agressivas e impulsivas. Daí para a violência é um passo. A violência é a agressividade natural e adequada que saiu do controle e passou a ser destrutiva.

SABENDO USAR NÃO VAI FALTAR

Quando a energia elétrica era farta no Brasil, havia desperdício e consumo desnecessário. Em 2001 o governo foi obrigado a implementar medidas de racionamento do consumo de energia devido à longa estiagem, que levou à queda do nível de água dos reservatórios. Não existe reserva de energia elétrica. Ela é produzida de acordo com a necessidade de consumo. São as matérias-primas que podem ser reservadas, represando-se a água, por exemplo. Educar é também ensinar a usar racionalmente a energia elétrica.

Em 2000, cada pessoa gastava, em média, 50 litros de água potável por dia. Se essa quantidade for mantida, em 2030 faltará água potável no mundo para tanta gente. Lavar com esguicho a calçada de casa? Nem pensar...

Atualmente o grande problema é o aquecimento global. Além de radicais medidas tomadas pelos poderes públicos, é preciso que cada pessoa tenha a consciência atenta para preservar o planeta. Uma das medidas mais eficientes dos mecanismos de defesa é a eliminação dos desperdícios pessoais.

Educar significa ensinar a lidar com o que já se tem, evitando desperdícios e criando a consciência da suficiência para ter uma excelente qualidade de vida. É como diz a sábia campanha: "Sabendo usar, não vai faltar".

DESPERDÍCIO DO "NÃO"

QUANTAS ORDENS, QUE os pais dão aos filhos, são descumpridas? Que acontece aos filhos desobedientes? A melhor maneira de perder a autoridade é dar uma ordem que não será cumprida. E esse processo começa na mais tenra idade, quando a criança desobedece aos "nãos" dos pais.

Quantos "nãos" os pais dizem num dia? Numa semana? Durante a infância dos filhos? São muitos, mas muitos mesmo... Destes, a quantos as crianças realmente obedeceram? Todos os demais expressam o desperdício do "não". Para recuperar a autoridade essencial à educação, é importante compreender a psicodinâmica da desobediência do "não" e, a partir daí, buscar a modificação.

⋮

Antes de proibir, é preciso analisar a situação:

- O filho corre grave risco de vida (ser atropelado, brincar com armas, cair perigosamente, pôr na boca produtos tóxicos e venenos, querer acariciar um cão furioso etc.). Deve ser parado com um "não" forte e incisivo, num grito, enquanto se faz a contenção corporal no braço, na camisa, onde se conseguir pegar. É uma emergência: portanto, esse deve ser um "não" proibitivo, sem acordos.

- O risco de vida é baixo (brigas sem armas entre irmãos, abuso de jogos/brinquedos/esportes/situações perigosas, radicais ou violentas etc.). O "não" também deve ser muito claro e firme, em voz alta, mas sem gritos. Geralmente cabe um acordo e não é tão emergencial. Significa: "Pare (ou cuidado) com isso para não se machucar".
- O filho infringe normas locais em ambientes que requerem comportamento adequado (fura filas, não para quieto, grita, mexe no que não deve, faz bagunça, incomoda outras pessoas, provoca crianças ou animais de estimação dos outros etc.).
- O filho atrapalha ou incomoda pessoas que precisam se concentrar.

Então, o pai e a mãe devem refletir:

- Se dizem o "não" muito mais por motivos pessoais (impaciência, falta de tempo, desinteresse, preguiça, para agradar às visitas etc.) que para educar o filho.
- Se é realmente necessário dizer "não", pois, se falta convicção, ele predispõe à desobediência.

A criança que desrespeita o "não" da mãe ou do pai tende a desrespeitar o "não" de outras pessoas. Além do mais, desenvolve a incapacidade de se controlar, isto é, não consegue dizer "não" a si mesma. A criança que costuma desacatar o "não" torna-se voluntariosa, impulsiva, instável, imediatista e intolerante, prejudicando os outros e também a si própria. Sua personalidade fica tão frágil que não suporta ser contrariada. Daí insistir, teimar, fazer birras e chantagens para conseguir o que quer.

⋮

É uma criança infeliz, pois nunca fica satisfeita. Despreza logo o que custou tanto a conseguir. O brinquedo que ela "mais queria na vida" é jogado fora sem remorso. Em seguida volta a usar o esquema que todos conhecem para obter outro "sonho de sua vida". É assim que os pais criam as "crioncinhas", que depois se transformam em "aborrecentes" não só em casa mas também na escola e na sociedade.

SELVA DE PEDRA

NAS PALESTRAS, os pais me perguntam se orientar a criança sobre os cuidados a tomar com sua segurança prejudica a inocência do crescimento. Como alertar o filho sem transformá-lo numa pessoa medrosa?

Há muitos anos os grandes centros urbanos foram comparados a selvas de pedra devido à paisagem dominada por prédios. Agora, a selva está cheia de predadores. A mãe que cria o filho no meio da mata ensina-o a lidar com cobras, aranhas, bichos e outros perigos naturais. Nas selvas de pedra, os seres humanos são ao mesmo tempo predadores e presas. O clima está tão pesado que a mãe tem de alertar o filho a se poupar, não se expor, pela ingenuidade, a ser a próxima vítima. A criança tem de conhecer os procedimentos para sobreviver nessa selva de pedra.

Adultos sabem muito bem quais são os comportamentos preventivos: não falar com estranhos, não demonstrar riqueza, não ficar distraído no semáforo, manter os vidros do carro fechados, não andar desatento pela rua e, se houver algum suspeito, atravessar a rua, evitando ao máximo locais pouco movimentados, especialmente à noite. As crianças precisam aprender a sobreviver na selva em que vivem, pois, se antes eram poupadas, hoje são os alvos preferidos.

Entre as medidas a ensinar está a maneira de atender o telefone. Orientar todos da casa, familiares e empregados, a não oferecer dados como nome dos moradores, atividades, rotina, horários, itinerários etc. Ao atender o telefone, perguntar diretamente com quem quer falar em vez de dizer o número. Ainda que a família more em prédio, não permitir que a criança corra para abrir a porta assim que toca a campainha. A segurança dos edifícios também pode ser burlada. Abrir a porta tem de ser tarefa de adulto.

Aprender a sobreviver nessa selva de pedra é absolutamente necessário.

Desde cedo a criança tem de aprender a se preservar. Os pais devem ensiná-la a não se exibir na escola, mostrando o tênis de grife ou contando que tem piscina em casa. Sua comodidade não deve constranger ninguém. Ela vai sobressair pelo que é, não pelo que tem. Os bandidos querem o que ela demonstra que tem.

Se nós pertencemos a essa sociedade/selva, é preciso que os pais, além de proteger os filhos, procurem fazer algo saudável pela sociedade, para que a educação e as oportunidades de trabalho cheguem também aos predadores. As vítimas e suas famílias não podem querer vingar-se fazendo justiça com as próprias mãos, mas podem se dedicar a contribuir para o bem-estar da cidade, até mesmo dos excluídos.

Essas medidas podem começar pela empregada da própria casa, oferecendo-lhe boas condições de trabalho e interessando-se por sua vida. Repare se está jogando fora algo que pode ser aproveitado por outras pessoas.

PREVENÇÃO CONTRA AS DROGAS JÁ NA INFÂNCIA

É NA INFÂNCIA QUE COMEÇA a prevenção ao uso de drogas, o risco de um jovem entrar em contato com elas é muito grande.

São muitas as razões que levam os adolescentes a experimentar drogas. As explicações sobre o uso contínuo das drogas por uns e não por outros e os vícios decorrentes estão em meu livro *Juventude & Drogas*[22].

Destaco aqui as questões educacionais familiares.

Alguns posicionamentos que predispõem a criança futuramente a usar drogas.

---

22 Para saber mais, ler *Juventude & Drogas*: Anjos Caídos, de Içami Tiba. São Paulo: Integrare, 2007 (N.E.).

EXTREMA LIBERDADE

Os pais deixam os filhos fazer tudo na infância. Na adolescência, as vontades e os desejos aumentam e a falta de limites se agrava. Educação requer limites, e a criança deve entender por que são necessários. Se ela não compreende a razão deles e simplesmente obedece, quando o proibidor desaparece, ela desconhece os limites.

Crianças sem limites são guiadas pelo eu interior instintivo (animal), não medem consequências nem assumem responsabilidades. Não têm esse aprendizado porque alguém sempre responde por elas. Se não houvesse esse alguém, a própria vida acabaria lhes mostrando as consequências do que fizeram.

Será melhor para todos que a criança aprenda o mais cedo possível que não pode fazer tudo o que quer. A saúde social está em distinguir entre o que se pode e o que não se pode fazer. Um aprendizado estimula o outro. E torna-se cada vez mais fácil aceitar os limites da vida e lutar pelo que se acha que se pode fazer.

ACHAR QUE O GOSTOSO É SEMPRE BOM

Quando pergunto a um adolescente por que usa drogas, é comum que ele responda: "porque é gostoso". Mas há coisas gostosas que não são boas. Da mesma forma, há coisas amargas que não são necessariamente ruins. O que deve ser evitado não é o amargo, mas o ruim.

Gostosa é uma sensação física (biológica, portanto animal) de prazer que todas as pessoas sentem, independentemente de idade, sexo, cultura, raça, religião etc. Bom ou ruim é um critério racional que pertence a um quadro de valores. Depende, portanto, de critérios como saúde, cultura, lei, religião, sociedade etc.

Gostoso ou não é avaliado pelo cérebro médio, que dirige os animais. *Certo ou errado* é avaliado pelo cérebro superior (córtex) que somente o ser humano tem.

NÃO TER DE ARCAR COM AS CONSEQUÊNCIAS DO QUE FAZ

Uma das condições que determinam a saúde social é saber que tudo se relaciona. O problema de hoje pode ser resultado do que não se fez ontem. Se o estudo for deixado de lado, já que dá muito trabalho, o preço a pagar no futuro pode ser muito alto. Se uma criança, mesmo aprendendo que tem que guardar os próprios brinquedos depois de brincar, não os guardar, é natural que tenha que arcar com as consequências disso. Uma dessas consequências é os pais doarem o brinquedo não guardado a uma criança pobre.

Se os pais arcam com as consequências daquilo que seus filhos aprontam, estes não aprendem nem a preservar a sua saúde, o que favorece o uso de drogas.

NÃO TER OBRIGAÇÕES A CUMPRIR

Dentre as obrigações que as crianças têm de assumir, uma das mais importantes é tomarem para si a responsabilidade de fazer o que são capazes de fazer. Quem sabe fazer aprendeu fazendo. Quando os pais fazem pelo filho, ferem sua autoestima. Como alguém pode alimentar a autoestima com elogios e notas por lições que ele não fez? Além de passarem a mentir, os filhos tornam-se incompetentes.

A personalidade também exige na sua formação alimentos como disciplina, ética, persistência e garra para atingir metas. Dois dos muitos sinais de uma personalidade desnutrida são o abuso de drogas e a já comentada síndrome dos "parafusos de geleia".

SER EGOÍSTA

É fundamental que o filho saiba que a sua vida não é só sua, mesmo que somente ele possa vivê-la. A criança pequena diz, orgulhosa, "Você é meu pai", não para marcar a propriedade dela, mas para deixar claro que pertence a ele: "Eu pertenço a você, você é que cuida de mim". Se essa sensação for preservada e o pai e a mãe a reforçarem dizendo "Você é meu filho", forma-se uma unidade em que tudo o que um faz interfere na vida do outro. Ao tomar qualquer atitude, a pessoa pensará naqueles que ama. Isso a torna mais forte e menos vulnerável às pressões para o uso das drogas.

Se, pelo contrário, essa sensação de pertencimento não for clara, quando jovem, o filho pode se considerar um "estranho no ninho" e achar que em seu mundo só existe ele e mais ninguém, pensando: "A vida é minha, faço dela o que eu quiser. Portanto, uso drogas porque quero".

A sensação de pertencimento dá ao ser humano a certeza de que é realmente importante para o outro. Da mesma forma que a mãe pensa: "Tenho filhos para criar, não posso me arriscar", os filhos podem pensar: "Tenho meus pais que se preocupam comigo". E evitar riscos. É a força gregária do ser humano na constituição de um time no jogo da vida.

CAIR NAS ONDAS DA MODA

Não se deve fazer nada simplesmente porque todo mundo faz. O ser humano é gregário, quer fazer parte de uma comunidade. Para ser aceito, tende a fazer tudo igual. Depois, passa a competir para ser o melhor. Se o grupo começa a fazer coisas que ele não quer, não é obrigado a acompanhá-lo. Se os amiguinhos agridem a professora, mas ele não quer fazer isso, não precisa segui-los. Se agredir também, cai na onda do grupinho, começa a sua delinquência.

Não é preciso se afastar das pessoas diferentes. O importante é se respeitar e respeitar os outros. Então a pessoa pode exigir que a respeitem. Há grande diversidade de comportamentos e até de religiões. Nem os próprios pais concordam entre si o tempo todo.

Quem precisa estar na moda e quer ter ou fazer o que os outros têm ou fazem revela baixa autoestima. Quem se estima não precisa entrar na moda para se sentir bem.

FALTA DE ÉTICA

Quem tem ética respeita tanto o outro como a si mesmo. Essa base do comportamento social começa em casa. Assim como os pais se preocupam com o filho para que nada de ruim lhe aconteça, ele também deve se preocupar com os pais e fazer o possível para preocupá-los menos. O maior poder do controle do uso, ou não, das drogas está com o próprio filho. Depois que as usa, o filho perde progressivamente o controle do que se passa dentro dele, como resultado do que a droga ingerida lhe provoca bioquimicamente. A droga é prazerosa e absoluta: sempre age conforme suas características químicas nos mais diferentes organismos.

O uso das drogas, a mentira, a violência e a delinquência andam de mãos dadas. A ética se desenvolve com a responsabilidade, quando a criança faz o que é capaz de fazer. Os pais precisam parar de fazer tudo pelo filho. Quanto menos o filho faz, mais aumenta a dificuldade de fazer. Com o passar do tempo, ele passa a ter vergonha da dificuldade de fazer o que a maioria do pessoal de sua idade faz. Muitos meninos e meninas de 9 e 10 anos andam com o cadarço do tênis solto porque não sabem amarrá-lo. O pai e a mãe que sempre amarram o tênis do filho, oferecendo por amor essa ajuda de boa vontade, acabam atrapalhando o desenvolvimento da autossuficiência.

Não respeitar nem estimular o desenvolvimento da autossuficiência é uma falta de conhecimento educativo dos pais. Da mesma forma que ocorre quando fazem a lição pelo filho, o desejo dos pais de amarrar o tênis foi maior que o de ensinar o filho a fazê-lo. É por amor e não por sua falta que o fizeram, mas o que importa é saber que o prejuízo foi maior que a ajuda.

Mais tarde, os filhos, para não admitir que são incapazes, dizem que não querem estudar (ou amarrar os cadarços...).

PARTE 3

FORMANDO CIDADÃOS ÉTICOS

A grande preocupação hoje está na falta de cidadania e de ética. Na cidadania já deveria estar embutida a ética, mas tamanha é a ausência da ética que é preciso reafirmar sua importância.

Existem falhas na formação do cidadão que é egoísta, "metido a espertinho" que quer sempre tirar vantagens sobre outro, é corrupto, delinquente, usuário de drogas, sente-se superior a outros menos desenvolvidos ou de outra classe social.

Tais falhas serão evitáveis se a educação for atualizada pela Cidadania Familiar. Mas, antes, faço um breve histórico sobre a geração dos educadores de hoje.

CAPÍTULO 1

Os filhos da geração asa-e-pescoço de frango

A SOCIEDADE ESTÁ PASSANDO por um período muito difícil quanto aos valores cidadãos. Ela é composta por famílias que também estão passando por difíceis períodos.

⋮

Um exemplo disso me aconteceu durante uma palestra pública que eu proferia: uma mãe reclama que sua filha não lhe obedece, faz só o que quer, é impositiva, respondona e gritona. Ela não sabe mais o que fazer... Pergunto-lhe a idade da criança e ela responde: 2 anos.

Então, pergunto ao público:
— Quais de vocês, quando criança, obedecia imediatamente, bastasse um olhar do pai?
A grande maioria levanta a mão. Em seguida:
— Quais de vocês têm filhos que obedecem só de olhar para eles?
Algumas pessoas levantam as mãos. Concluo:
— Nossos pais eram machos-alfas. Nossos filhos são da geração digital. Nós somos da geração que mudou o mundo.

⋮

Macho-alfa é o animal mais poderoso do grupo, forte, que se responsabiliza pela segurança e comando e é sempre o primeiro a comer, escolhendo a melhor parte, elimina qualquer rebelde que o enfrentar e mostra violência emblemática para manter o poder. Era o pai na família que, com paciência curta, voz grossa e mão pesada, mantinha a ordem e comia a melhor parte do frango: peito e coxas. Coitados de nós se não percebêssemos pelo seu olhar o que ele queria. Apanhávamos e recebíamos castigos.

Não querendo que nossos filhos sofressem o que sofremos, que comessem as asas e o pescoço do frango, demos a nossa parte, peito e coxas, para eles. O que sobrou para nós? Outra vez: asa-e-pescoço. Por isso chamo a geração dos pais dos adolescentes e crianças de hoje de Geração asa-e-pescoço. Eles já cresceram com o machismo em declínio, com mães trabalhando fora, já estavam na escola com 2 anos de idade, fazendo o que queriam, sempre reforçados pela nossa conivência.

Dar poder a quem não tem competência é ter que se submeter à tirania das vontades. Foi o que aconteceu com nossos filhos. Por não querermos reprimi-los, cerceá-los, traumatizá-los, submetemo-nos às suas vontades. Os filhos, por absoluta falta de competência de administrar seus desejos, transformaram-se em pequenos tiranos, apesar de amados.

Pelo grande declínio do machismo, com *working-mothers* e pais fora de casa, divórcios, novos casamentos e junções dos ex-casados e solteiros, foi muito grande a influência dos pares (colegas e amigos) e de fora (escola, televisão, internet) na formação dos nossos filhos. Os avanços tecnológicos e informáticos atropelaram os costumes dos pais e já atingiram as crianças antes mesmo de elas "começarem a pensar".

Como já vimos atrás, crianças e adolescentes absorvem as novidades por prazer e curiosidade, enquanto seus pais só descobrem sua existência quando delas precisam (capacitação para novos empregos, novos instrumentos de trabalho etc.). Os pais ficam olhando teclados, desconfiados, e os filhos já nasceram no mundo digital.

Por isso, é até bastante natural que os pais tenham perdido as referências educativas e não sabem muito bem o que fazer com os filhos, mesmo amando-os de paixão.

Nenhum pai, e muito menos uma mãe, erra de propósito com os filhos. Se erra é porque não sabe como acertar na educação.

Mas nem tudo está perdido, pois, se há motivação, é sempre possível evoluir. Por isso, criei a *Teoria da Cidadania Familiar*.

CAPÍTULO 2

Cidadania Familiar

A FORMAÇÃO DA CIDADANIA tem que partir de casa desde que a criança é pequena. Assim, a educação familiar ganha um foco para onde devem convergir todas as orientações, os ensinamentos e as exigências, os deveres e direitos, os relacionamentos afetivos, as relações de custo/benefício, os aprendizados e as práticas dos valores cidadãos, profissionais e pessoais, num processo muito mais racional que emocional.

Como já expusemos no capítulo 2 da parte 1 desta obra, o princípio fundamental é a família funcionar como uma equipe, onde todos os membros devem fazer o melhor que podem, sem sobrecarregar ninguém. Pelos preceitos da Cidadania Familiar, seus integrantes não podem fazer em casa o que não podem fazer vida afora.

A rigor, não estamos preparando nossos filhos para a vida, pois nenhuma empresa admite no seu quadro de funcionários uma pessoa que funcione como filho. Seria um funcionário que não cumpre o que deve e faz tudo o que não pode fazer, não atende o telefone quando chamado, mas gasta-o com seus amigos, desrespeita os mais velhos, abusa dos mais novos, quer tudo para si sem dar nada em retorno e se nega a fazer relatório de suas atividades.

Até recentemente, quando o machismo imperava, as mulheres eram sufocadas pelos homens que viviam bastante folgados nas suas posições machistas. Embaixo do folgado há sempre um sufocado: essa é uma equação da vida. O folgado não quer perder a folga, portanto é o sufocado que tem de reagir. As mulheres reagiram. O machismo está nos estertores da morte.

Se as máquinas substituíram a força física e a informática fez o mesmo com a lógica matemática dos homens, os pais que se cuidem, que usem mais o hemisfério cerebral direito, desenvolvendo sua comunicação afetiva, expressão emocional e sua visão 360 graus, principalmente em casa.

O sucesso dos pais não garante a felicidade dos filhos.

Seguem algumas situações emblemáticas da *Cidadania Familiar*:

CRIANÇAS GUARDANDO BRINQUEDOS
TODOS HOJE CONHECEM CRIANÇAS que, acabando a vontade de brincar, largam os brinquedos e vão para outra atividade, deixando uma bagunça atrás de cada brincadeira. É como fazem algumas pessoas, não importa a idade, o gênero, o nível social e até mesmo cultural quando deixam sujos o banheiro e a pia que usaram, quando deixam uma luz acesa ou qualquer outro aparelho ligado ao se retirar de um ambiente, quando jogam seus lixos pessoais no chão ou quando saem de um lugar deixando pior do que

estava quando chegaram. Isso depende da educação para cidadania ética.

Crianças, em geral, não gostam de bagunça. O que os adultos têm dificuldade de compreender é que elas têm critérios de organização completamente diferente dos deles. Elas gostam de reunir coisas, enfileirá-las, pô-las em ordem, encaixar tudo. Entretanto, elas se acostumam com o que veem em casa. Quando predomina a desordem, passam a achar que o natural é a bagunça. Assim não se incomodam em abandonar os brinquedos quando não querem mais brincar. É importante os pais complementarem: "A brincadeira acaba quando você guardar os brinquedos, portanto, vamos guardar!".

Não posterguem: a criança tem de aprender que ela deve fazer o que lhe for possível ser feito. A mãe recolhe alguns objetos e os guarda, mas a criança inicialmente a ajuda para depois a mãe ajudar a criança, até que ela consiga guardar tudo sozinha. O importante é a criança tomar a iniciativa e guardar os brinquedos verificando se deixou em ordem o local onde brincou. É interessante que o educador manifeste a sua satisfação e comente brevemente como é bom deixar tudo em ordem para mais tarde brincar outra vez.

Quem não aprende a guardar seus próprios brinquedos acha natural viver em bagunça, largar seu material escolar em qualquer lugar, perder o celular etc. Não aprende a cuidar do quarto, da casa, da cidade, da Terra... Não desperta gratidão aos que lhe ajudaram, guardando por ele o que ele largou de qualquer jeito. Não desenvolve o respeito aos pertences dos outros, pois os trata como fossem seus, já que os seus ele não os preserva. Esta é uma forma de não respeitar os outros. Não é ético deixar para outro quando a pessoa pode fazer a sua própria tarefa.

"Ninguém guarda brinquedo. Por que só eu tenho que guardar?", pode questionar um filho.

Com calma o pai (mãe) pode explicar: "Filho, quando você tem vontade de ir ao banheiro, você vai, senta e faz o serviço. Quando termina a vontade, você simplesmente sai correndo para brincar ou se limpa antes de sair? O serviço não termina quando acaba a vontade, mas quando você se limpa. A descarga também tem que ser dada, não é mesmo?

A brincadeira também não acaba quando acaba a vontade de brincar, mas quando você guarda o brinquedo e arruma o tapete. Assim você deixa o lugar em ordem para a próxima pessoa que chegar. Isso é um sinal de respeito ao próximo. Um gesto cidadão."

A CRIANÇA PRECISA APRENDER A SE ORGANIZAR PARA VIVER BEM E SER FELIZ

Para ser feliz, a criança precisa desenvolver no dia a dia um critério interno do que é certo ou errado, adequado ou inadequado e essencial ou supérfluo.

Com esse critério interno, a vida da criança melhora muito, pois sua autoestima cresce à medida que vence os desafios. Ela não fará somente o que já sabe fazer. Repousar no sucesso, que é transitório, não traz felicidade para ninguém, principalmente nessa idade, em que abrir-se para aprendizados é essencial. Para quem sabe fazer, o difícil se torna fácil.

Muitas atividades obrigatórias são chatas para a criança justamente por ela ainda não ter o conhecimento nem a prática de como fazê-las.

Fazer o inadequado é mais fácil que ter de avaliar a adequação. É mais fácil fazer xixi na fralda quando tiver vontade do que segurar a vontade para urinar no vaso sanitário. Nem sempre o fácil é o melhor, pois alguém vai ter que trocar a fralda urinada para não "assar" as partes em contato com a urina. Uma criança educada tem satisfação em ser adequada, pois ela sabe que está "fazendo tudo certinho".

Se estiver com vontade, fazer xixi é mais importante que brincar. Se não fizer o importante (essencial), não vai conseguir brincar tranquilamente. Naquela hora, brincar passa a ser menos importante que urinar.

Reforços, elogios e prêmios devem ser justos e mais recompensadores quanto mais difícil, trabalhosa ou demorada for a atividade.

EDUCAÇÃO EM REDE

PARA QUE UM FILHO GUARDE OS BRINQUEDOS, é preciso que os pais sejam coerentes entre si. Aquele(a) que permite que não se guardem os brinquedos nem se recoloque a poltrona no devido lugar está sabotando esta educação. É o *Princípio da Coerência Educativa*. Se um funcionário no seu trabalho não pode receber duas ordens opostas, uma anulando a outra, muito menos um filho que já está predisposto à bagunça.

A babá (ou empregada, ou faxineira, ou avós, ou seja quem for) deve ser orientada a não guardar o brinquedo que o filho deixou fora de lugar, mesmo que ela tenha ordens ou vontade de deixar a casa em ordem. É preciso explicar-lhe o motivo desta medida e complementar com leituras adequadas, geralmente emprestando os livros ou textos que os próprios pais estejam lendo. Na Cidadania Familiar, todos têm seus direitos e deveres.

Guardar os próprios brinquedos tem que ser uma medida constante. Não há folga para os deveres até o filho incorporá-los e torná-los naturais. É o *Princípio da Constância Educativa*.

QUEM NÃO CUIDA PERDE!

QUANDO A CRIANÇA, mesmo tendo conhecimento de que deve guardar seus brinquedos, recusa-se a fazê-lo, está na hora de aplicar o *Princípio Educacional da Coerência, Constância e Consequência*[23].

Esse princípio surgiu para suprir uma falha educativa durante o desenvolvimento do filho. Quando o filho nasce, ganha o *amor gratuito*, pelo simples fato de existir. O bebê nada precisa fazer por merecê-lo. Quando começa a tomar iniciativas, recebe as noções do que pode e do que não pode: é o *amor que ensina*. Depois que a criança aprende, ela tem que praticar o que aprendeu, pois é a prática que consolida o saber, que transforma a informação em conhecimento. Quando ela não faz o que deve, ou faz o que não pode, tem que existir o *amor que exige*.

---

23 Para saber mais, ler *Adolescentes*: Quem Ama, Educa!, de Içami Tiba. São Paulo: Integrare, 2005 (N.E.).

É neste ponto do desenvolvimento que os pais falham. Em vez de exigir que a criança faça, colocando limites no que não pode fazer, os pais querem ensiná-la outra vez. "Já falei que não pode!", e a criança continua fazendo mesmo que saiba que não pode fazer. Está na hora de exigir que não faça. Em geral ela insiste no que não pode, para testar se o limite é realmente para ser respeitado.

Caso os pais relaxem e permitam que a criança faça, eles autorizaram-na a fazer pela omissão da proibição. Se uma proibição verbal não funcionar, é preciso que haja consequência.

Consequência não é castigo, que funciona hoje como martelo em computador. O que vale é educar, portanto o filho tem de aprender a arcar com as consequências dos seus atos. De pouca serventia é os pais ficarem nervosos, gritarem, baterem... Os pais têm sempre que lembrar que educação é um projeto racional e não emocional.

Se ficar nervoso é melhor dizer que vai sair para se acalmar, porque, quando se está assim, dizemos e fazemos coisas que não precisa. O filho que fique parado, suspendendo todas as atividades (brincadeiras, iPods®, internet, som, seja o que for), até o nervosismo diminuir e então voltar.

Deve o nervoso sair, pois a sua presença instiga reações no filho e o deixa sentir-se com o poder de deixá-lo nervoso. Quando o nervoso sai, deixa o filho impotente. O nervoso comunica que vai sair, não está pedindo autorização. O filho sente que está perdendo o nervoso (pai ou mãe), que ele não está sob o seu controle. Isso é um aprendizado.

> **Castigo, como primeira medida, não educa uma criança folgada. O que a educa é assumir as consequências de seus atos.**

Castigos estão diretamente relacionados ao estado de paciência e humor dos pais, que invariavelmente repetem os mesmos erros, como mandar a criança para o quarto, não deixá-la ver televisão nem jogar videogame, pô-la quieta em algum canto, tirar do seu quarto aparelhos e objetos de lazer, gritar com ela, passar-lhe sermões, dar-lhe uns beliscões e até mesmo uns sopapos. Que relação existe entre esses castigos e a transgressão de não ter guardado o brinquedo?

Assim que perceber que a criança não guardou o brinquedo ou não quis guardá-lo, é preciso dizer em tom sério (sem gritar nem ser agressivo – pois a razão está com você): "Vou contar até três para você começar a guardar esse brinquedo. Se, quando eu chegar ao três, você ainda não estiver guardando, vamos doar o brinquedo. Quem não cuida não tem".

Geralmente a criança guarda antes de chegar ao três. Dependendo do brinquedo, a criança precisa de um certo tempo para guardá-lo. Dá para diferenciar quando a criança está realmente guardando ou está enrolando. Caso ela não esteja guardando, pegue o brinquedo enquanto diz "você acaba de perder este brinquedo" e deixe-o num lugar inacessível a ela. Na primeira oportunidade, acompanhe seu filho para que ele faça a entrega do brinquedo a uma criança carente.

O gesto cidadão do não desperdício é doar o que não está sendo bem usado, além de ajudar a quem precisa. Se o filho não cuida, há quem cuide. Os pais e os filhos têm que aprender que a doação em si não é castigo. Ficar sem o brinquedo será a consequência educativa.

A consequência é perder o brinquedo de que ele não cuidou e o doar, para evitar o desperdício.

Se uma criança não quer guardar um brinquedo é bom que ela saiba as consequências. Além disso, toda ordem tem um prazo de execução, ou seja, como funcionaria uma empresa, empregados e empreendedores sem determinação de prazos? Mesmo o "agora" tem que ter um prazo.

Contar até três é dar um prazo para a criança lembrar que tem de mudar de ideia e guardar o brinquedo. É o princípio educativo de que a toda ordem acompanha o prazo de execução. O que não é adequado é aceitar que a criança corra para guardar o brinquedo depois que a contagem ultrapassou o três. Perdeu o prazo? Que arque com as consequências. Tudo tem limite. É seu e não cuidou? Perdeu!

O que põe por terra esse método é fazer o brinquedo aparecer magicamente depois, seja por que pretexto for, muito menos como recompensa a um bom comportamento. Está terminantemente proibido, seja quem for, dar outro brinquedo igual ou devolvê-lo depois que foi tomado. Pois isso significa que a consequência foi descumprida, e o filho perde este aprendizado. Qual é o aprendizado que um filho adquire ao ouvir outra vez a mesma ladainha: "Quantas vezes vou ter que repetir a mesma coisa?" ou: "Esta é a última vez que vou arrumar o seu quarto"?

Nada de devolvê-lo só porque a criança aprontou um escândalo ou prometeu que da próxima vez o guardará direitinho. Se os pais não cumpriram o que disseram, por que a criança precisa cumprir o que prometeu?

INSTINTO DE VENCEDOR

UM BOM EXEMPLO para observar um vencedor é uma luta de boxe, no último *round*, quando os dois estão empatados e totalmente exaustos que mal se aguentam em pé, e seus golpes não têm mais tanta eficácia. De repente, um acerta um golpe e sente que abalou o outro.

O golpeador sente renascerem as energias, seu corpo não sente mais tanto cansaço, não lhe dói a costela quebrada, seus golpes, fortes como os de um leão enfurecido, tornam-se certeiros e em poucos segundos coloca o outro a nocaute. Sai pulando, dá voltas no ringue, sobe nas cordas, comemora dando socos no ar, mostra ao público que é vencedor. O público reage com energia e o aplaude com entusiasmo. A maioria das pessoas sempre se une ao vencedor. E este já desafia o próximo adversário.

O QUE ACONTECEU DENTRO DELE?

Quando o golpeador anteviu a vitória, seu corpo foi inundado pela endorfina que lhe aumentou o nível sanguíneo de testosterona e adrenalina, provocando-lhe aumento de batimentos cardíacos, oxigenação maior do sangue, elevação de pressão arterial, diminuição da sensibilidade às dores e ao cansaço, tornando-o focado e aumentando a eficácia dos seus golpes, numa sensação de prazer muito grande e disposição para massacrar o próximo da lista de adversários.

Essa mesma endorfina inunda, em maior ou menor quantidade, o organismo de uma pessoa que supera um obstáculo, atinge um objetivo, realiza uma tarefa considerada difícil etc. É o caso de um adolescente que defende sua ideia (desejo, proposta, ação) e consegue convencer o outro (pai, professor, fiscal, autoridade) ou de um púbere que briga na rua para defender a sua mãe, que ele mesmo tanto ofende, e volta cheio de equimoses e de olho roxo mas feliz. É da satisfação de ter defendido um ideal com unhas e dentes.

⋮

Quando um filho ganha sem esforço um brinquedo, depois outros, e vai recebendo tudo o que quer sem despender um mínimo esforço nem um merecimento, acaba não valorizando o que ganha, isto é, não produzirá endorfina.

Sem custos, os benefícios gratuitos aleijam o desenvolvimento dos filhos. A distorção educativa é que o filho se sente no direito de ter os benefícios e passa a exigi-los sem custo.

De pouco serve os pais reclamarem que os filhos não valorizam o que têm. A verdadeira educação é inspirar os filhos a lutar pelo que querem, fazê-los merecedores das conquistas que são premiadas pelas endorfinas. Assim, os pais não devem dar tudo seguindo seus próprios desejos ou porque têm condições de dar, mas devem oferecer as coisas de que os filhos realmente precisam. É a partir da demasia que vem a desvalorização e o desperdício material e a falsa autoestima de bem-estar.

Quando é um prêmio merecido, um desafio ou barreira que se empenhou para superar, uma ação que demandou bastante esforço, o filho sente o prazer de receber e o valoriza. Essa valorização que enriquece é também a autoestima que o faz um lutador. É o benefício do seu empenho (custo) que ele está recebendo. É um cidadão ético que está sendo formado.

⋮

Sem esforço, o filho é como o boxeador que vence a luta pela ausência do adversário. Nunca vi um lutador que se preza dar voltas no ringue nem subir nas cordas de um canto do ringue para comemorar a vitória por W.O. (ausência do oponente). Ele sente até um pouco de decepção na hora que o apontam como vencedor.

⋮

A grande maioria dos vencedores tem histórias passadas de necessidades e sofrimentos que lhes deram fortes alicerces para lutar e conquistar as suas vitórias. Mas podem também ser vitoriosos se tiverem a educação que leva em conta o princípio do custo/benefício.

Qualquer pessoa hoje pode observar uma crise de birra de uma criança que quer comprar mais um brinquedo com a mãe que diz que os brinquedos comprados já bastam "por hoje". Essa birra, observada hoje, é precedida por outras ocorridas em casa, nas quais a criança saiu vencedora e a mãe derrotada. Os vencedores temem cada vez menos seus adversários, principalmente os mesmos que já foram derrotados por eles antes.

Para os perdedores, esse mecanismo traz junto desespero, receio de perder outra vez, o que o faz perder realmente. Acontece muito no futebol: por exemplo, quando o time A, mesmo sendo bom, mas tendo perdido sempre para o B, já entra em campo quase nocauteado, sem esperanças, enquanto o B já entra cheio de esperanças, atropelando o A para amedrontá-lo mais ainda.

A mesma situação vive o filho vestibulando que já entra derrotado, com uma sensação de que não conseguirá ser aprovado para a faculdade, ou um filho exuberante e ousado que perde todo o encanto diante de uma garota por quem já está apaixonado; ou ainda um filho pequeno que tem um bom desempenho nos treinos de qualquer esporte, mas perde todas as competições; ou aquele que sabe tudo com o professor particular, mas tem um "branco" na hora da prova...

ALIMENTANDO A BIRRA DO PODER

CADA VEZ QUE A CRIANÇA CONSEGUE ALGO com o poder da sua birra, ela aumenta seu espírito vencedor sobre a mãe. Reparem na mãe perdedora, aquele rosto de desânimo, de perda de esperança, de fraqueza muscular, atordoada, de ombros caídos, desesperançada, olhar de não-sei-mais-o-que-faço. É essa sensação de derrota da mãe que torna vitoriosa a birra. Não foi a mãe que perdeu, mas tudo o que ela representava – como a educação. Venceu o macho-alfa (que grita mais alto), venceu a tirania do menos competente, porém mais forte. Mas sobre isso vou falar no item adiante, "Instinto Perdedor".

A *birra do poder* é um método inadequado de conseguir do outro, pela força, pelo constrangimento público, pela chantagem afetiva, o que ele não quer dar. Sempre envolve sofrimentos do filho que quer algo e sofrimentos da mãe que, mesmo querendo, se vê impedida de dar por diversos motivos.

Estes sofrimentos podem ser evitados quando se aprende a lidar com a birra dos filhos que querem algo, ou da birra da mãe que, mesmo podendo, não dá "só de raiva", "para ele aprender que quem manda aqui sou eu"; ou "não adianta me agradar (ou agredir) só para conseguir de mim o que quer" e outros argumentos...

Na mente da criança, a birra do poder surge quando ela se sente frustrada pelo desejo não realizado. A vontade é de querer impor a sua vontade. Quando sente que a barreira é intransponível, ela desiste. Mas, se sente que pode ser demovida, sua força cresce a cada vez que acerta um golpe. O filho percebe que acertou quando a mãe vacila, posterga, inventa argumentos como barreiras.

Quando um filho pede e a mãe o corta, saindo do local, ela mostrando firmeza irremovível, ele nem começa a birra. Mas quando ela permanece no local e lhe responde: "Agora, não!", "Amanhã!", "Na próxima vez!", "No seu aniversário!" etc., o filho percebe que acertou o golpe, isto é, impôs à mãe a ideia da compra. Agora, o próximo *round* vai ser golpear para ganhar o "agora". A birra continua, o golpe é então mais forte: "É o brinquedo da minha vida!", "Sempre sonhei com ele!", "Você não me ama!", "Você sempre compra pro meu irmão!", "...mas desta cor eu não tenho!" – e todos os argumentos para que a mãe compre agora, isto é, acabe com a barreira. Mesmo que a mãe diga que é a "última compra", o filho terá vencido...

Imaginar que um filho pode se tornar um campeão fazendo birras não é a melhor solução, pois o que acaba acontecendo é ele ser campeão em birras. Birra quem aceita geralmente são só os pais. Nunca vi nenhum transeunte estranho atender a uma birra de criança. Ninguém se torna cidadão usando birras, apesar de muita gente tentar...

⋮

Para se formar um cidadão é preciso que a própria vontade não seja superior às regras sociais. Cabe aos pais enfrentar a birra dos filhos. Saber lidar com essa situação de confronto de forças deve ser administrado pelos pais. A birra é a esperança de transformar o "não" dos pais em "sim", abusando do constrangimento público, da incapacidade de negar ao filho algo que ele quer tanto e "não lhes custa nada dar mais um".

Isso leva os pais a pensarem primeiro qual a linha educativa a adotar: desenvolver um cidadão ou um tirano. Seja qual for a linha adotada, seus efeitos primeiramente são sentidos pelos próprios pais.

Filhos tiranos, pais sofredores.
Filhos cidadãos, pais felizes.

INSTINTO DE PERDEDOR

Vimos a luta de boxe antes analisada pelo instinto ético do vencedor, vou agora focalizar o do perdedor. Quando o golpeado (pai, mãe) sente-se atingido, ele já nem reage mais, seus braços não o protegem mais, golpeia muito menos, torna-se alvo fácil, só recebendo golpes cada vez mais fortes, seus olhos param. Tornou-se um saco de pancadas. Caso o juiz não interfira com nocaute técnico, o perdedor cairá no chão como um saco de batatas.

O QUE ACONTECEU DENTRO DELE?

Quando o golpeado levou o golpe, entrou em estresse, diminuindo imediatamente a produção de dopamina e endorfina, liberando cortisona em excesso, o que provoca sensação física tremendamente ruim, de um fracasso irreversível e de perda esmagadora, de medo, de paralisia, coração batendo menos, sua pressão arterial cai e diminui drasticamente a oxigenação do sangue que traz sofrimento cerebral, todos os músculos lhe doem e fogem de seu controle, perde o foco e só pensa no impossível de se defender ou de fugir porque nem braços nem pernas funcionam mais. Quando seus olhos param é porque a consciência já não está mais funcionando. Mantém-se em pé por automatismo muscular de lutador muito treinado, mas depois cai estendido no chão, derrotado, sendo socorrido por auxiliares.

Dá pena ver como uma mãe sofre quando um filho faz publicamente uma birra afetiva ou de poder. O filho aplica-lhe diversos golpes, psicológicos e físicos, sem dó nem piedade, para massacrá-la. A mãe, procurando defender-se o máximo possível, vermelha de raiva e mãos frias de vergonha e constrangimento de ser vista e julgada pela má educação do agressor por todos os transeuntes – que torcem a favor do filho. O que ela mais quer é acabar logo com a situação e sair de lá... Mas como fazer se as suas pernas, sua voz, suas mãos não surtem nenhum efeito no furioso, danado e malvado filho amado?

Por prevenção, ao sair de casa, a mãe já vai avisando o filho birrento: "Hoje vamos comprar somente dois brinquedos...". Por que ela não disse: "Hoje não vamos comprar nenhum brinquedo"? ou: "Hoje vamos comprar só um brinquedo"? Porque esta mãe já sabe que ele vai incomodar tanto que ela não resistirá; por isso, já aceitou levar o primeiro golpe, antes mesmo de sair de casa. O filho já prenuncia a vitória sobre a mãe.

Quando a mãe lhe comprou o primeiro, ele já havia escolhido o segundo presente e passa a escolher o terceiro. Se a mãe ceder facilmente, é sinal de que pode insistir no quarto, e assim por diante, até quando a mãe diz mais incisiva, ou brava, ou em voz alta: "Agora chega! Cinco brinquedos é mais que suficiente". Com essa explicação, o filho sabe que a insistência com escândalo fará a mãe comprar o sexto, e começa uma furiosa birra que a mãe queria a todo custo evitar. Não há muito como cortar tal tipo de birra a não ser drasticamente.

Desde o momento em que o birrento consegue o que quer, a educação mudou de rumo. O birrento "educou" sua mãe para atendê-lo. Uma criança que vive fazendo birras é infeliz. Ela é prisioneira do esquema que estabeleceu, complementado pela falta de conhecimentos educativos da mãe, e não pela falta de amor.

Esse tipo de birra acontece muito menos na companhia do pai, pois este tem paciência curta, voz grossa e mão pesada. O filho sabe que se insistir muito vai despertar a testosterona do pai e aí as coisas "ficam pretas" para ele. O birrento não costumava provocar o pai, porém, hoje, já há também pais sendo vítimas das birras dos filhos. Isso contraria desde o macho-alfa que todo pai tem instintivamente dentro de si até os desejos de autoridade saudável (liderança educativa) que ele tem de exercer sobre os filhos. Mas não perdoa a mãe, pois ela quer pôr um limite mas não quer contrariá-lo.

⋮

ESPERANÇA?

O que é muito ruim para a educação é a mãe perder a esperança de corrigir, porque "o menino está tomado pelo diabo" ou "esse menino não tem mais jeito" etc. O fato é que mesmo estando na presença do endiabrado filho, a mãe já se coloca como perdedora.

A mãe que estabelece limites pratica disciplina, proíbe o que é prejudicial, diz não às ações transgressoras e pratica o amor que educa. O outro amor – o permissivo, o altamente tolerante, o submetido aos maus-tratos e ao egoísmo – não servirá ao filho nunca.

SABER GANHAR É SABER PERDER

Não é obrigatório que um perdedor se sinta também derrotado. Se ele fez o melhor que conseguiu, treinou bastante, dominou a técnica, teve um bom técnico, mas perdeu e reconheceu que realmente o outro foi melhor, portanto mereceu ser o vencedor, ele se recupera e volta aos treinos com maior aplicação para melhorar seu desempenho, enfrentá-lo outra vez e conseguir a vitória.

Quem não sabe perder também não sabe vencer. Quem, quando vence, se sente superior ao vencido e faz pouco dele, fica arrogante e prepotente, desdenhando quem foi seu adversário, não sabe perder. Quem não sabe perder abandona o esporte porque não admite que o outro estava mais bem preparado. Nos estudos, ele acha que é o professor que o reprovou, e não ele que não sabia o suficiente. No trabalho, ele julga que é sempre o outro que o prejudica e o chefe não gosta dele, e não ele que é relaxado, bagunceiro e pouco competente. Na família, ele se sente o rejeitado, o preterido, já que o outro é o queridinho da mamãe, quando na realidade ele é que maltrata todos, é um folgado, mal-agradecido.

Vencer não é uma questão de superioridade, mas sim de maior desenvolvimento, de apresentar melhores resultados, de maior competência. E tudo isso se adquire através da educação e do esforço pessoal. Ninguém vence a luta para o boxeador no ringue numa competição limpa e ética. É ele, com seu preparo físico e psicológico, sua técnica e estratégia de luta que vai ter que vencer *pessoalmente* o adversário. É o estudante que senta para fazer as provas aprovativas ou competitivas. É o cidadão que tem de fazer a sua parte para a humanidade caminhar.

Portanto, quem não sabe vencer, mesmo vencendo, é um perdedor, tanto quanto o perdedor, que, reconhecendo sua derrota, abandona o esporte, a faculdade, a vida.

> **Para o vencedor, uma perda é apenas um dos degraus para se atingir a glória. Por isso, esse perdedor não é um derrotado, mas um futuro vencedor.**

Faz parte da educação saudável, ética e cidadã os pais mostrarem, ensinarem, exigirem e demonstrarem que:

- A birra é inadequada.
- Ter que dormir com alguém vigiando é ruim para ele.
- Não é enganando os outros que se é vitorioso.
- Não existem vantagens em não guardar seus brinquedos (roupas, material escolar, tênis etc.).
- Só é resguardada a privacidade de quem a merece.
- Estudar é uma obrigação que só lhe faz bem.

- Alimentar-se bem é questão de saúde, assim como escovar os dentes e tomar banho.
- Drogas dão prazer, mas são ruins para todo mundo (filhos, pais, famílias, sociedade, país).
- Prazer ou desprazer são sensações instintivas com as quais o ser humano já nasce e que podem ser boas ou ruins.
- Bom ou ruim é um critério de conhecimento e sabedoria que somente os seres humanos têm, por terem inteligência superior à dos animais.
- Para todos viverem em sociedade, é preciso que todos sejam cidadãos.

⋮

A educação é a formação do cidadão ético e progressivo de que a humanidade tanto necessita.

CAPÍTULO 3
Ética progressiva

A ÉTICA DEVE ESTAR PRESENTE em todas as ações da Cidadania Familiar. É a matéria transdisciplinar que rege todos os nossos comportamentos. Um dos primeiros pontos a ser abordado é a perda de controle da razão; é quando qualquer um diz e faz sem pensar, podendo prejudicar muito a outra pessoa, a si mesma, o relacionamento e o ambiente que a circunda.

Um bebê tem que ser atendido na sua necessidade fisiológica, pois ele não consegue atendê-las sozinho: comer, beber, trocar fraldas, dormir. Ele come ou bebe o que lhe for colocado na boca, faz suas próprias necessidades (mas quem o limpa são os outros), dorme em qualquer lugar (ou de qualquer jeito) conforme o seu sono. Cabe aos adultos escolher a forma e o conteúdo de tudo que fazem por e para ele.

AMOR DADIVOSO

ELE NÃO É BRINQUEDO DOS PAIS, avós nem irmãos. Recebe tudo porque não tem como reagir nem falar. Mas expressa seus sentimentos através de expressões de agrado ou não. Quando os adultos percebem essa comunicação e a respeitam, vai se formando uma agradável sensação interna de ser atendido. É o amor gratuito que ele recebe, para continuar se desenvolvendo na transição entre o dentro e o fora do útero.

Mas muita atenção para que já se desenvolva para dormir sozinho, sem ajuda de ninguém. Um nenê que dorme bem traz tranquilidade e qualidade de vida para a família e seus vizinhos. Fica registrada dentro do nenê uma memória não racional, o quanto ele foi respeitado. Esse é um dos primeiros pontos da ética.

AMOR QUE ENSINA

Mesmo ainda muito dependente dos adultos, o bebê já pode tomar algumas iniciativas. Mesmo que ele ainda não entenda as palavras, percebe as expressões faciais, o tom de voz, os gestos firmes etc. Portanto está na hora de não aceitar o que não for adequado e ensinar o que é aceito por todos, de que todos vão gostar.

Nenês que nem falam mas dão tapas no rosto das pessoas devem ser ensinados a não dar. Há pessoas, principalmente avós, que apanham e ainda acham graça, reforçando a criança a repetir os tapas por achar que está agradando.

Pegue-a firme nos pulsos, olhos nos olhos, diga firme mas sem gritar: "Não pode dar tapas. Quer agradar? Então faz assim..." e ensine-a a afagar. A criança pode escolher entre agredir e agradar. Mas não pode ser vítima de uma ignorância de agredir quando quer agradar. Não pode deixar morder, nem achar graça, porque geralmente é agressivo. Depois que descobre esse meio, torna-se difícil tirá-lo, porque já é uma manifestação de sua força, do seu poder. Não é ético machucar os outros.

Crianças maiores já têm que aprender a cuidar dos próprios pertences. Não é ético sobrecarregar os outros com as suas próprias tarefas. Guardar brinquedos é um belo exemplo. A brincadeira termina quando a criança guarda todos os brinquedos e estica os tapetes. Agradecer a quem cuidou dos seus pertences é ético, pois estes cuidados são da própria pessoa e de mais ninguém.

Assim como ajudaram a criança menor a guardar os brinquedos, é ético ajudar os outros desde que eles não possam agir sozinhos. Um exemplo muito bom para a ética é a mochila escolar dos filhos. Não é ético somente a mãe carregar sozinha a mochila se o filho não estiver carregando nada. Ajudar não é fazer por ele. O filho que carregue o que aguenta e a mãe ajuda a carregar o resto. Assim como a mãe ajudar o filho a carregar a mochila é ético, que ele ajude a mãe no que puder. Com uma mãe sobrecarregada com tantas tarefas em casa, não é ético o filho permanecer na frente da televisão, aborrecido por não ter o que fazer.

Os pais dão telefone celular para os filhos para poderem conversar com eles. Não é ético não atender os chamados dos pais, seja onde for. Quem não atende os pais não tem por que ter um telefone celular.

Os pais dão o melhor que podem para os filhos estudarem. Não é ético ser um estudante médio se ele pode ser melhor. Ser reprovado não é ético, pois o filho tem um ano de oportunidade para ser aprovado. Lembrarmos sempre que não é o professor que reprova, é o próprio aluno que não cumpre a sua obrigação de estudar.

Devemos lembrar sempre que ninguém é superior nem inferior a ninguém, pode ser apenas mais ou menos desenvolvidos que nós. A idade consome a nossa força física. Aposentadoria aniquila *status* e poder.

Dinheiro e matéria mudam de mãos. O que realmente nos pertence são os relacionamentos que estabelecemos. É ético ajudar os menos desenvolvidos, associar-se aos iguais, pedir ajuda aos mais desenvolvidos, aprender com os diferentes.

Enfim, tratar os outros, mesmo que ausentes, do jeito que gostaria de ser tratado é a ética que não pode faltar nunca.

AMOR QUE EXIGE

SE OS PAIS JÁ ENSINARAM, o filho aprendeu, não tem por que os pais aceitarem que ele não faça o que ele já sabe que tem que fazer. Não é para repetir as mesmas explicações. Este aviso é particular às mães que costumam irritar os filhos, principalmente masculinos, com tantas explicações. No lugar de dar novas aulas sobre a mesma matéria, exija que cumpra o que já sabe.

Se um filho não guarda seus brinquedos, não é para o pai ficar nervoso e dar uma bronca testosterônica, nem a mãe começar com ladainhas: "Eu já lhe falei que você tem que guardar os seus brinquedos..." e emenda tantas falas mais que o filho já nem ouve. É simplesmente cumprir o que já está combinado, sem alterar a emoção. "Última chance de você guardar. Se não guardar agora, vou contar até três!"... e comece a contar. Talvez o filho precise até doar um brinquedo[24], ou mais, para aprender que os acordos combinados são para valer.

---

24 Ver parte 3, capítulo 2, "Quem não cuida perde!", desta obra.

"Todos para a mesa para jantar", chama a mãe. Um dos filhos responde: "Não estou com fome. Acabei de comer um sanduíche!". No lugar de ficar brigando com ele, exija que ele sente à mesa mesmo que não coma, porque o que vale é mais a reunião do que a comida. Mas, se não comer, assim que terminar o jantar será tudo recolhido. Se não quiser que não coma, mas vai ficar sem comer até a próxima refeição, ou talvez dormir sem comer. Ninguém morre de fome onde tem comida. Vale a pena dizer que se ele quiser comer depois que coma, mas deixe a cozinha em ordem. Se fizer comida instantânea, que lave a panela. Se deixar desarrumada a cozinha, só vai comer quando arrumar. Não é ético deixar bagunça para outros arrumarem. Que comesse na hora certa.

AMOR QUE TROCA

Aqui se demonstra a importância das etapas anteriores na formação da autoestima. O que uma pessoa com boa autoestima encontra dentro de si associada à ética e competência é material suficiente para se responsabilizar pelas trocas, sejam elas afetivas, pessoais, familiares, profissionais ou sociais.

Obrigações não se trocam, porque pertencem naturalmente à Cidadania Familiar. Presente não se exige, ganha-se. Filhos que vão mal na escola, que são deseducados ou fazem o que não devem também não deveriam receber presentes dos seus pais.

Se o filho cumpre seus deveres, não fez nada além do que foi combinado. O que ele consegue é desenvolver dentro dos pais uma apreciação melhor, uma tolerância maior, uma atenção mais especial. Mas que estas vantagens não sejam transformados em algo material para não ficar uma troca de interesses que logo vira chantagem.

Este amor que troca já pertence a um relacionamento mais maduro, não importa a idade. Se um filho quer algo extra somente para ele, e custa dinheiro, os pais podem lhe atribuir uma tarefa em troca. Não se aproveitar dos necessitados (filhos) nem simplesmente aceitar que os filhos descumpram o combinado é uma questão ética que os filhos vão aprender conforme os pais a aplicarem.

Com isso, os filhos têm de aprender que não existe nada de graça, que tudo tem um custo que alguém está pagando.

AMOR QUE RECEBE

Os PAIS TÊM DE APRENDER a receber dos filhos, não porque precisem, mas por uma questão de amor. Receber inesperadamente um presentinho espontâneo, um beijo, um olhar do filho é alimentar a autoestima. É um prazer a que os pais não devem se furtar, pois é aqui que começam os cuidados com os pais, que um dia de fato precisarão, se adoecerem ou forem velhinhos, ou por qualquer outro motivo.

Os pais não serão provedores eternos. E, se forem, é porque os filhos não foram bem educados. Portanto é preciso desenvolver no coração dos filhos a ideia de que, mais que o material, o pessoal é o que realmente fica dentro das pessoas.

Ensinamos os filhos a dar quando aprendemos a receber deles, quando fazemos sentirem-se importantes para nós, pais.

Vejo algumas mães cujos filhos pedem para ajudar, mas elas nada delegam sob diversos argumentos: "não perca tempo com isso, vá brincar" (quer dizer que a mãe pode perder tempo e o filho não); "deixe que eu faço, pois você não está acostumado!" (quando é que o filho vai acostumar se não começar um dia a fazer?); "você nunca faz direito as coisas." (eu, supermãe, sou perfeita e você, um incompetente eterno. Esta é a melhor maneira de desenvolver a incompetência no filho) etc.

Esses tipos de conduta são um desestímulo à cidadania, à formação da autoestima e ao desenvolvimento da ética.

CAPÍTULO 4

Ciúme, veneno do ciumento contra si mesmo

Uma criança pode não suportar o ciúme e agredir seu irmão diretamente, danificar os pertences dele ou estragar objetos da casa.

Ciúme é um sentimento de que ninguém está livre. O ciumento, tendo perdido a cabeça, foi destrutivo, porque soltou suas emoções mais primitivas. Os pais têm que educá-lo. Primeiro fazer levantamento de tudo o que foi prejudicado: o irmão, os pertences, o relacionamento, a casa. Ele não poderá ter esses comportamentos retrógrados, porque ele mesmo é o maior prejudicado por ter que arcar com as consequências do "estrago", além de provocar indisposição nos pais. Ele terá que ser progressivo. No lugar de "estragar" o irmão, valeria mais a pena ele progredir e assim receber o mesmo ou mais que o irmão recebeu.

É claro que há pais que exageram ao agradar um filho e, por mais que o outro faça, não é nem notado pelos pais. Portanto, antes de tomar qualquer atitude, vale a pena os pais refletirem se eles não estão sendo tendenciosos.

Um dos grandes motivos do ciúme é que o ciumento se sente desprestigiado. Quando o pai ou a mãe está com o(s) irmão(s), o outro percebe que o pai (mãe) não está com ele. Geralmente este não se lembra de quando o pai (mãe) estava com ele e o irmão ficou sozinho.

CAPÍTULO 5

Profissão: estudante

Quem sustenta essa profissão? É um contrato de trabalho muito apertado para os pais e muito folgado para os estudantes. Os pais dão o melhor que podem e conhecem para que o filho estude. Mas este, além de não estudar, faz um esforço apenas suficiente para passar de ano. Onde está a relação custo/benefício?

É inaceitável que um filho seja reprovado na escola. Os pais não devem cobrar o que deram, mas é preciso ensinar o filho a se comprometer com as suas responsabilidades porque isso é gesto de cidadania com ética progressiva. Ele também tem que dar o melhor de si nos estudos.

Se lhe foi passada a responsabilidade de estudar, não só é necessária a prática de o filho corresponder ao compromisso, mas também há a necessidade de os pais cobrarem resultados dele. A reprovação já começa a ser percebida nas primeiras provas escolares, basta que os pais acompanhem os boletins e relatórios. Caso não o façam, correm o risco de estar sendo negligentes. Cabe aos pais estabelecer o *Princípio das Consequências* já nas primeiras falhas.

No contrato do estudante com os pais, feito no começo de cada ano letivo, deve constar o objetivo do final do ano, com metas mensais. Para bons estudantes, os pais podem relaxar, mas não descuidar. Para os maus, é bom os pais ficarem em cima do que combinarem. O futuro profissional e a qualidade de vida do filho (e dos pais) é que estão sendo preparados hoje.

Não é justo para os pais investirem tanto nos estudos dos filhos e estes, além de não corresponderem, ainda os sobrecarregarem às vésperas de provas importantes. As provas deveriam ser simplesmente constatações do que os filhos aprenderam.

Na(s) disciplinas(s) em que não estiver bem, os pais devem combinar um método próprio para estudar em casa, dividindo-a em pequenas partes a ser vistas diariamente, um pouco da matéria dada antes da prova em que foi mal e da que veio depois da prova. Isso tem que ser cobrado sistematicamente, isto é, quase diariamente. E não é difícil de ser executado. O filho estuda quando e como quiser, mas tem que dar uma explicação do que estudou ao pai (ou mãe) usando as próprias palavras. Isso é bom para os pais e para o filho, pois aumenta o convívio e os pais tomam conhecimento do que o filho está aprendendo na escola.

Não vale o filho apenas repetir o que estudou, pois isto é decoreba, uma engolição das informações.

Hoje estamos na era do conhecimento. Quando o filho tem que usar as próprias palavras, antes ele teve que entender, depois incluir no seu corpo de conhecimento para, então, poder explicar. O grande lucro está no aprendizado. A decoreba é um produto perecível e descartável. O aprendizado leva ao conhecimento, que pode melhorar a vida do filho e de todos à sua volta.

Caso o filho não consiga explicar aos pais é porque não sabe. Merece as consequências, como já vimos, perder os privilégios previamente combinados. Não são perdas definitivas. Se tiver "uma balada" importante para ir, é bom que ele saiba que somente sairá se *explicar* direitinho o que estudou. Caso contrário ficará estudando enquanto todos os seus amigos se divertem. Os pais percebem nessa hora como os filhos são esforçados, inteligentes e até empreendedores para descobrir novos métodos de aprendizado.

O melhor de tudo isso é a responsabilidade que o filho desenvolve dentro de si, o interesse sobre a matéria que antes nem sequer entendia mas já odiava, e ter um novo olhar sobre o professor e o aprendizado. No lugar de criticar as escolas, os pais têm que complementá-las no que for possível, pois é do maior interesse da família que seus filhos sejam vencedores. Uma das grandes falhas é o método decoreba de ensino. Não é o que as escolas querem, mas é o que acontece com as escolas que avaliam os alunos somente com provas mensais, bimestrais etc. Os alunos passam a estudar somente nas vésperas das provas. É como se trabalhassem somente nas vésperas do recebimento dos salários.

O objetivo é capacitar os filhos e não simplesmente aprová-los. Uma boa parte de estudantes são aprovados, mas continuam analfabetos funcionais (não compreendem o que leem). Desta maneira, os alunos estudam, isto é, decoram o mínimo possível somente para os exames, e os professores os aprovam com a nota mínima possível, quando não adotam o sistema de progressão continuada.

Um país não tem como se desenvolver se vive dos mínimos: o funcionário (estudante) produz o mínimo possível para não ser despedido (reprovado); a empresa paga o mínimo possível para que ele não peça demissão (abandonar os estudos). Assim também uma família não conseguirá vencer por gerações se no lugar de sucessores-empreendedores tiverem "herdeiros-esperadores".

CAPÍTULO 6
"Herdeiros-esperadores"

Se fazem o que os filhos, mesmo pequeninos, têm sua própria capacidade de fazer, os pais estão *aleijando-os* em vez de ajudar. Deixando de fazer, os filhos não transformam as informações recebidas ou ensinamentos em conhecimentos. Esta poupança paralisa as ações dos filhos, como tenho insistido neste livro, que assim acabam não *empreendendo novos caminhos*. Diante de obstáculos futuros acabam tendo que esperar que outros os enfrentem. Isso lhes quebra a autoestima e torna cada vez mais complicada qualquer iniciativa. Em vez de empreendedores acabam sendo "esperadores".

Além de se indignarem caso tenham que fazer algo, os *herdeirinhos* esperam que outros façam de boa vontade por e para eles, como se fossem príncipes em relação aos seus súditos.

Aparentemente são cheios de si, mas sua autoestima é muito baixa, pois eles *sabem* o quanto são incapazes e já nem tentam fazer o que desejam pelo temor ao fracasso. Ninguém pode ser feliz dependendo tanto de outras pessoas. É a mãe, ou o pai, que falsifica a própria letra para fazer a lição do filho, sem se incomodar com o exemplo que está dando de enganar a professora, de ser avaliado por algo que não fez...

Os "herdeiros-esperadores" podem se tornar agressivos quando os outros se recusam a satisfazer as suas vontades. Sentem-se superiores mas inseguros, e dão-se o direito de explorar, agredir, queimar, humilhar os mais fracos. Esses "herdeiros-esperadores", para não perderem seus reinados e regalias, são capazes de extorquir seus próprios pais. Para conseguir seus intentos, eles vão desde enganar, mentir, chantagear, ameaçar até a assassinar seus pais. São capazes de levar à falência empresas herdadas por incompetência profissional, por conflitos que vão desde simples desentendimentos ideológicos a verdadeiras guerras por vaidades feridas, invejas, rivalidades, investimentos e retiradas egoístas etc.

CAPÍTULO 7
Sucessores-empreendedores

O ANTIGO CHEFE-ALFA DE FAMÍLIA era quem dava ordens, comandando os filhos com voz grossa, mão pesada e paciência curta. Hoje os pais, ou substitutos, não querem mais ser adultos alfa. No mundo corporativo eles estão desenvolvendo a liderança, como líder ou como liderados. Mas ainda não identificaram seus próprios papéis e funcionamentos em casa, principalmente na educação dos filhos.

Os pais empreenderam uma mudança radical do comportamento alfa e partiram para o oposto. As crianças ficaram livres das pressões de adultos (pais, avós, professores etc.) para realizar seus desejos (direitos) e não foram educadas para arcar com as suas obrigações (deveres). Sem parâmetros nem valores internos saudáveis, elas foram contaminadas pelos comportamentos dos pares (parentes, colegas, amigos etc.) e da mídia (TV, internet, jogos eletrônicos etc.).

A vontade mobiliza a ação que busca saciedade e prazer. Portanto, para as crianças o objetivo final das suas ações é o prazer. O dever pode no início ir contra o prazer (sacrificar a vontade), até atingir a consciência social do dever quando passa a ser um prazer realizá-lo. Uma criança que joga o lixo no lixo e sente o prazer de manter limpo o local onde está, com certeza sentirá prazer em preservar a Terra quando for cidadão.

Não seria difícil para os pais migrarem conhecimentos do mundo corporativo para a educação dos filhos. A família hoje é um time em que cada um joga na posição do seu maior desenvolvimento. Ter um chefe é muito diferente do que ter um líder. Lembrar sempre que liderança também tem voz de comando, se necessário. A liderança familiar é rotativa e compartilhada, não fixa. Lidera a situação quem for mais desenvolvido nela.

No conjunto familiar, quanto mais a liderança for compartilhada, melhor. Portanto, antes de o líder decidir algo é importante e bom consultar outros integrantes. Um exemplo é um pai (ou outro adulto) querer dar um presente a um filho. Ele pode dar um carrinho de bombeiro que ele próprio sempre quis ter. O filho poderá até ficar contente, mas se o pai pesquisar outras pessoas da casa, saberá qual brinquedo irá deixá-lo realmente satisfeito. Se o pai pedir sigilo sobre esta pesquisa, todos os envolvidos no presente compartilharão a alegria de acertar na escolha.

Nem sempre o mais desenvolvido tem a liderança. Se isso for detectado na adolescência, o filho pode ser promovido a líder através do reconhecimento familiar do seu desenvolvimento. Se um filho for, por exemplo, tímido, com baixa autoestima, ele pode não ter liderança. Uma das maneiras de ele quebrar de dentro para fora a timidez é estimulá-lo a expressar o que sabe (usar internet, *blogs*, Orkut®, Facebook®, MSN®, YouTube®, iPod® etc.) e de fato os adultos se capacitarem sob os seus ensinamentos.

Quando os pais passarem a usar com ele o que com ele aprenderam, o adolescente ficará muito mais seguro de si, pois ele assim comprova para si mesmo a sua importância, o seu valor. Ao mesmo tempo, os próprios pais atualizam a sua vida, e introduzem outros filhos neste recurso aprendido.

Isso passa a ser uma prova documental da sua competência, o que aumenta a sua autoestima, que vai, então, alavancar seu empreendedorismo de acordo com sua idade. Mas se os pais simplesmente ouvirem e não praticarem, a liderança do filho pode ficar comprometida quando ele julgar que a incompetência (o mau aprendizado dos pais) foi sua.

Já atendi pais que pediam para os filhos imprimirem os e-mails. Esse pedido reduzia todo o avanço tecnológico para a época de Gutemberg. Com isto os filhos sentiram-se mais explorados que ajudando, quando eram obrigados a imprimir os e-mails.

Custava a estes pais aprender? Eles que têm uma competência empresarial comprovada? Além de serem mais rápidos e econômicos (aumentando a já grande competência), seriam também mais independentes e eficientes também para manter o *networking*, sem falar que poderiam adentrar no mundo dos concorrentes sem ser percebidos. Seria uma lição de empreendedorismo digital, pois é ter o mundo corporativo "na ponta dos dedos", como queria Bill Gates.

O chefe-alfa de família simplesmente proibia os filhos de fazerem o que não lhe agradava. Essa proibição paralisava e inibia novas iniciativas, e não educava. Uma educação empreendedora seria invocada com: "Você NÃO pode fazer isso aqui! Mas você pode escolher o que fazer sem incomodar os outros!".

Diante de uma questão já resolvida, uma resposta encontrada, os pais poderiam estimular o filho com um: "Como foi que você conseguiu?". Esta pergunta deve remeter o filho ao caminho percorrido e não ao da desconfiança. A felicidade pode estar também no caminhar, antes do resultado atingido. As crianças têm o prazer de montar brinquedos, quebra-cabeças, e depois de montados passam para outras brincadeiras. Quando os pais perguntam para elas como conseguiram tais façanhas, despertam nelas a alegria de comprovar suas habilidades (futuras competências).

> **Os líderes empreendedores não costumam dar respostas prontas, estimulando os liderados a buscarem soluções e respostas.**

As parábolas também podem ser utilizadas, pois dependem das interpretações despertadas nos liderados. Os pais deveriam responder o mínimo possível para estimular a pesquisa em busca de respostas.

Estes são alguns recursos para os pais prepararem seus sucessores, isto é, para que seus filhos atinjam pontos mais altos e mais desenvolvidos dos que eles atingiram. Sucessores, além de suceder, terão também que ter sucesso.

Vitória é superar as próprias dificuldades. Sucesso é o reconhecimento público das vitórias (pessoais, familiares, grupais). Entretanto, o que qualifica a vitória e o sucesso para a eternidade é a ética progressiva.

A educação é um processo contínuo de aprendizado e prática da cidadania ética. Espero que este livro tenha feito a diferença na compreensão dos filhos, alunos e crianças em geral e que a sua prática tenha dado resultados progressivos. Quando estes novos cidadãos dominarem o mundo, os primeiros beneficiários serão os pais e pessoas de seu entorno. Mas o Brasil e o mundo também agradecerão e usufruirão e surgirá uma nova qualidade de vida com valores que só enobrecem as pessoas.

IÇAMI TIBA

BIBLIOGRAFIA

Beni, Rosana. *Crianças índigo:* uma visão espiritualista. Osasco: Novo Século, 2007.

Bernhoeft, Renato. *Cartas a um jovem herdeiro:* o que é importante para ter sucesso profissional. Rio de Janeiro: Alegro, 2004

Estivill, E. & Béjar, S. de. *Nana, nenê:* como resolver o problema da insônia do seu filho. São Paulo: Martins Fontes, 2003.

Fonseca, Priscila M. P. C. da. "Síndrome de Alienação Parental". *Revista Brasileira de Direito da Família*, v. 8, n. 40, fev/mar, 2007. Porto Alegre: Síntese.

Friedman, Thomas F. *O mundo é plano.* Rio de Janeiro: Objetiva, 2006.

Gardner, Howard. *Inteligências múltiplas:* a teoria na prática. Porto Alegre: Artes Médicas, 1995.

Kanner, Leo. *Child psychiatry.* Nova York: C. Thomas Publisher, 1960.

Marins, Luiz. *Homo habilis:* você como empreendedor. São Paulo: Gente, 2005.

Maushart, Susan. (trad.: Dinah de Abreu Azevedo). *A máscara da maternidade:* por que fingimos que ser mãe não muda nada? São Paulo: Melhoramentos, 2006.

McElroy, Susan Chernak. *Animals as teachers & healers:* true stories and reflection. Nova York: Ballantine Publishing, 1997.

Movsessian, Shushann. *Puberdade:* só para garotas. São Paulo: Integrare, 2007.

Mussak, Eugenio. *Metacompetência:* uma nova visão do trabalho e realização pessoal. São Paulo: Gente, 2003.

Palermo, Roberta. *100% Madrasta:* quebrando as barreiras do preconceito. São Paulo: Integrare, 2007.

Restak, Richard. M. D. *The new brain:* how the modern age is rewiring your mind. Emmaus: Rodale, 2003.

Savater, Fernanda. *Ética para meu filho.* São Paulo: Martins Fontes, 1993.

Silva, Ana Beatriz B. *Mentes inquietas.* Rio de Janeiro: Napades, 2003.

Souza, César. *Você é o líder da sua vida.* Rio de Janeiro: Sextante, 2007.

Tiba, Içami. *Adolescentes:* Quem Ama, Educa! São Paulo: Integrare, 2007.

———. *Disciplina:* Limite na Medida Certa – Novos Paradigmas. São Paulo: Integrare, 2006.

———. *Educação & Amor.* São Paulo: Integrare, 2006.

———. *Ensinar Aprendendo:* Novos Paradigmas na Educação. São Paulo: Integrare, 2006.

———. *Juventude & Drogas:* Anjos Caídos. São Paulo: Integrare, 2007.

———. *Seja feliz, Meu Filho!* São Paulo: Integrare, 2007.

GLOSSÁRIO REMISSIVO

◉ **Adolescentização**, 236
Crianças que imitam comportamentos de adolescentes antes da puberdade ou adultos jovens que não querem arcar com as suas responsabilidades nem deveres, mas exigem que suas vontades e direitos sejam saciados.

◉ **Atendimento integral**, 35, 134, 137
Quando os filhos fazem seus *pit stops*, seus pais param o que estão fazendo para escutar realmente o que os filhos dizem e enxergar as reais circunstâncias; é pensar no que os filhos teriam competência para fazer através da cidadania e da ética, estimulando que façam o melhor que conseguirem.

◉ **Birra afetiva**, 280
É uma postura de não entrega para o carinho, colo, abraço, na qual geralmente se rompe a comunicação verbal e visual. Exemplos: não querer entrar na escola, agarrar-se na mãe para não sair do seu colo etc. O seu ganho é afetivo.

◉ **Birra do poder**, 277
É o enfrentamento ostensivo, espetaculoso, agressivo com palavras e/ou ações, geralmente em público, contra uma ordem dos pais que a criança ou adolescente não quer aceitar. O seu ganho é material.

◉ ***Checklist* mental**, 42
É uma espécie de lista de perguntas que uma pessoa (mais mãe do que pai) faz para, através das respostas, concluir o que se passou com uma outra pessoa (o filho). Como quando a mãe quer saber se um filho cabulou as aulas ou se usou drogas, sem perguntar clara e abertamente.

⊚ **Cidadania Familiar,** 36, 52, 135, 213, 260, 263, 264, 285
Princípio educativo familiar segundo o qual não se pode fazer em casa o que não se pode fazer na sociedade e há de se começar a praticar em casa o que terá de ser feito na sociedade.

⊚ **Contar até três,** 271
É o prazo que o educador dá ao educando para realizar o necessário, sob a condição de o educando sofrer as consequências previstas em caso de não realização.

⊚ **DNA,** 211, 214, 224
Uma simplificação para designar filhos biológicos, que trazem em si o DNA da mãe e do pai.

⊚ **Educação a seis mãos,** 185
As mãos do coração e da razão do pai, da mãe e da escola, unidas pelos Princípios da Coerência e Constância para a educação da criança.

⊚ **Educação pelos pares,** 93
Quando uma criança ou adolescente se deixa contaminar pelo comportamento de um amigo ou colega e pratica atos que não aprendeu com os próprios pais.

⊚ **Embriaguez relacional,** 93
Fenômeno comportamental sem uso de drogas em que um adolescente, quando na presença de outro(s), faz algo que se estivesse sozinho não faria. Atos de vandalismo, crime organizado, farras, bebedeiras etc.

⊚ **Filhos DNA,** 224, 225, 226, 227
São filhos que descobrem tardiamente seus pais (mais raramente suas mães) biológicos. Geralmente os pais DNA nem sabem da existência desses filhos até serem descobertos por exames de laboratório.

● **Filhos tiranos**, 279
Geração que fica "tirana" (tirando tudo dos pais: sossego, respeito, autoridade, dinheiro, sono etc.). Geração de crianças e adolescentes que com suas vontades dominam seus pais.

● **Folgado**, 28, 190, 209, 265
É a pessoa que deixa tudo, mesmo suas obrigações, para outros fazerem. Embaixo de um folgado tem sempre um ou mais sufocados.

● **Geração asa-e-pescoço de frango**, 261, 262
Pais que na sua infância comeram asa-e-pescoço (deixados pelo pai patriarcal, que comia peito e coxa) e que hoje dão peito e coxa aos seus filhos.

● **Geração carona**, 96
Filhos adultos-jovens já prontos para o trabalho que, em vez de buscarem sua autonomia financeira, ficam morando com os pais como se fossem adolescentes.

● **Geração digital**, 228, 229, 230
A geração de filhos que tem a vida na ponta dos dedos (TV, internet, celular, *blogs*, Orkut®, Facebook®, iPod® etc.).

● **Geração *tween***, 236
Crianças de 8 a 12 anos que adotam comportamentos de adolescentes. Ironização com a palavra be*tween*, que significa "entre" (estar entre a infância e a puberdade).

● **Hiperatividade** (DDAH), 157, 160
Distúrbio neuropsicológico e genético que, quando adquirido, traz problemas de impaciência, agitação, impulsividade, irritabilidade, agressividade, instabilidade, dificuldade em terminar o que foi começado. A pessoa sofre de hiperfoco no que aprecia e tem baixo rendimento escolar porque não consegue terminar

um pensamento ou atividade sem ser incomodado por outros interesses, que vão brotando dentro de si. Geralmente são pessoas inteligentes, mas prejudicadas por uma pressa constante – como se o cérebro estivesse ligado à eletricidade. Podem apresentar também um déficit de atenção porque se perdem no meio de tantos estímulos internos e externos, aparentando estar absolutamente desligados. É necessário um diagnóstico diferencial, feito por um profissional capacitado, para não ser confundida com falta de educação.

⊛ **Macho-alfa**, 23, 63, 96, 262, 277, 281

Equivalente ao pai-alfa. Por ser o mais forte, passa a ser o chefe do grupo de animais; mantém a ordem com gritos e garras, come a melhor parte da caça, escolhe a melhor fêmea, tem seu território demarcado. É o pai típico de duas gerações anteriores à contemporânea (1950), que tinha paciência curta, voz grossa e mão pesada para impor aos seus filhos uma ordem que tinha que ser obedecida.

⊛ **Mimetismo relacional**, 169

Capacidade de uma pessoa adequar seu comportamento a diferentes ambientes.

⊛ **Onipotência infantil**, 122

Crianças que acham que conseguem todos os seus desejos com seus pais, mesmo que tenham de chorar, gritar, principalmente quando não querem dormir, mas querem ficar acordadas. Ver "Ritual do sono", parte 2, capítulo 2.

⊛ **Pais-geleia**, 171

Pais que falam, gritam, cortam mesadas mas não cumprem nada do que prometeram por não resistirem às pressões dos filhos.

⊛ **Parafusos de geleia**, 62, 63, 171, 255

Filhos inconsequentes, que largam tudo diante de qualquer

pressão; tolerantes, que não aguentam apertões naturais da vida e acabam se acomodando apenas com o que têm.

⊚ **Religiosidade**, 74, 86, 90, 93, 103, 108
Sentimento quase instintivo de gente gostar de gente. Precede a religião que foi criada pelo homem.

⊚ **Ritual do sono**, 120
Método utilizado para fazer uma criança dormir sozinha.

⊚ **Senescente**, 95
Adolescência da velhice; terceira idade ou a "boa idade".

⊚ **Síndrome do ninho vazio**, 209
Os filhos crescem e alçam seus próprios voos e seus pais sentem a casa vazia porque, sempre vivendo em função dos filhos, não tiveram vida própria.

⊚ **Sufocado**, 190, 208, 264, 265
É a pessoa que faz tudo o que os outros deixam de fazer, mesmo que não seja sua obrigação. Em cima de um sufocado há sempre um ou mais folgados.

⊚ *Working-mother*, 29, 31, 52, 121, 164, 207, 262
Mãe que trabalha fora para ajudar no sustento da casa. Geralmente se sente culpada por não acompanhar o crescimento dos filhos.

⊚

SOBRE NATÉRCIA TIBA

Natércia Tiba é psicóloga clínica formada pela PUC-SP, psicodramatista pelo Instituto J. L. Moreno e psicoterapeuta de casal e família pelo Instituto Sistemas Humanos. Trabalha como psicoterapeuta em atendimentos a crianças, adolescentes, adultos, casais e famílias em consultório particular, é membro da Associação Paulista de Terapia Familiar (APTF) e da Associação Brasileira de Terapia Familiar (ABRATEF) e se especializou em Trabalho de Grupo com Gestantes em curso realizado por Vitória Pamplona.

Ministra palestras sobre relacionamento familiar e educação, participa de programas de televisão e rádio, e escreve em revistas, jornais, *sites* e *blogs*.

Colaborou com os livros *O Manual de Instruções que Deveria Vir Com Seu Filho*, de Daniel G. Amen, publicado pela Editora Mercuryo e *Beleza Sustentável: Como Pensar, Agir e Permanecer Jovem*, de Carla Góes Souza Pérez (Integrare Editora). Foi responsável pela ampliação, revisão e atualização do livro *Seja feliz, Meu Filho!*, de Içami Tiba, e é autora do livro *Mulher sem Script*, lançado em maio de 2012, ambos pela Integrare Editora.

Para mais informações:
www.naterciatiba.com.br
facebook.com/tiba.natercia
twitter: @natercia_tiba

SOBRE IÇAMI TIBA

Filiação Yuki Tiba e Kikue Tiba
Nascimento 15 de março de 1941, em Tapiraí/SP

1968	Formação: Médico pela Faculdade de Medicina da Universidade de São Paulo – FMUSP.
1969 e 1970	Médico Residente na Psiquiatra pelo Hospital das Clínicas da FMUSP.
1970 a 2010	Psicoterapeuta de adolescentes e consultor de famílias em clínica particular.
1971 a 1977	Psiquiatra-assistente do Departamento de Psiquiatria Infantil do Hospital das Clínicas da FMUSP.
1975	Especialização em Psicodrama pela SOPSP – Sociedade de Psicodrama de São Paulo.
1977	Graduação: professor-supervisor de Psicodrama de Adolescentes pela FEBRAP – Federação Brasileira de Psicodrama.
1977 e 1978	Presidente da Federação Brasileira de Psicodrama.
1977 a 1992	Professor de Psicodrama de Adolescentes no Instituto *Sedes Sapientiae*, em São Paulo.
1978	Presidente do I Congresso Brasileiro de Psicodrama.
1987 a 1989	Colunista da TV Record no Programa *A mulher dá o recado*.
1989 e 1990	Colunista da TV Bandeirantes no Programa *Dia a dia*.
1995 a 2011	Membro da Equipe Técnica da APCD – Associação Parceria Contra as Drogas.

1997 a 2006	Membro eleito do *Board of Directors of IAGP – International Association of Group Psychotherapy*.
2001 e 2002	Radialista, com o programa semanal *Papo Aberto com Tiba*, na Rádio FM Mundial.
2003 a 2011	Conselheiro do Instituto Nacional de Capacitação e Educação para o Trabalho "Via de Acesso".
2005 a 2009	Colunista semanal do *Jornal da Tarde*, do Grupo O Estado de S. Paulo.
2005 a 2011	Apresentador e Psiquiatra do programa semanal *Quem Ama, Educa*, na Rede Vida de Televisão.
2005 a 2011	Colunista mensal da *Revista Viva São Paulo*.
2008 a 2011	Colunista quinzenal no Portal UOL Educação.

> **EM PESQUISA FEITA** em março de 2004 pelo Ibope, a pedido do Conselho Federal de Psicologia, Içami Tiba foi o 1º profissional brasileiro mais admirado e tido como referência pelos psicólogos brasileiros e o 3º no *ranking* internacional, sendo Sigmund Freud o primeiro e Gustav Jung o segundo. (Publicada pelo *Psi Jornal de Psicologia*, CRP SP, n. 141, jul./set. 2004).

> **CRIOU A TEORIA INTEGRAÇÃO RELACIONAL**, na qual se baseiam suas consultas, *workshops*, palestras, livros e vídeos.

> **SUA COLEÇÃO DE VÍDEOS EDUCATIVOS PRODUZIDOS** em 2001 em parceria com a Loyola Multimídia vendeu mais de 13 mil cópias, e, em 2010, foi gravada em DVDs, tendo vendidas mais de 50 mil cópias.

> **MAIS DE 3.500 PALESTRAS PROFERIDAS** para empresas nacionais e multinacionais, escolas e universidades públicas e privadas, Secretarias Municipais de Educação etc., no Brasil e no exterior.

> **MAIS DE 78 MIL ATENDIMENTOS** psicoterápicos a adolescentes e suas famílias, em clínica particular, desde 1970.

> **TEM 30 TÍTULOS PUBLICADOS**, somando mais de 4 milhões de livros vendidos, sendo:

LIVROS ESGOTADOS

1. *Sexo e Adolescência*. 10ª ed.
2. *Puberdade e Adolescência*. 6ª ed.
3. *Saiba Mais sobre Maconha e Jovens*. 6ª ed.
4. *Adolescência:* **o Despertar do Sexo**. 18ª ed.
5. *Seja Feliz, Meu Filho!* 21ª ed.
6. *Abaixo a Irritação:* Como Desarmar Esta Bomba-Relógio do Relacionamento Familiar. 20ª ed.
7. *Disciplina: Limite na Medida Certa*. 72ª ed.
8. *O(a) Executivo(a) & Sua Família:* o Sucesso dos Pais não Garante a Felicidade dos Filhos. 8ª ed.
9. *Amor, Felicidade & Cia*. 7ª ed.
10. *Ensinar Aprendendo:* Como Superar os Desafios do Relacionamento Professor-aluno em Tempos de Globalização. 24ª ed.
11. *Anjos Caídos:* Como Prevenir e Eliminar as Drogas na Vida do Adolescente. 31ª ed.
12. *Obrigado, Minha Esposa* 2ª ed.
13. *Quem Ama, Educa!* 167ª ed.
14. *Homem Cobra, Mulher Polvo*. 29ª ed.

LIVROS EM CIRCULAÇÃO

1. *123 Respostas Sobre Drogas*. 3ª ed. São Paulo: Scipione, 1994.
2. *Adolescentes: Quem Ama, Educa!* 38ª ed. São Paulo: Integrare, 2005.
3. *Disciplina: Limite na Medida Certa.* Novos Paradigmas na Educação. 84ª ed. São Paulo: Integrare, 2006.

4   ***Ensinar Aprendendo***. Novos Paradigmas na Educação. 29ª ed. São Paulo: Integrare, 2006.

5   ***Seja Feliz, Meu Filho!*** Edição ampliada e atualizada. 28ª ed. São Paulo: Integrare, 2006.

6   ***Educação & Amor***. Coletânea de textos de Içami Tiba. 2ª ed. São Paulo: Integrare, 2006.

7   ***Juventude e Drogas: Anjos Caídos***. 9ª ed. São Paulo: Integrare, 2007.

8   ***Quem Ama, Educa!*** Formando cidadãos éticos. 24ª ed. S.Paulo: Integrare, 2007.

9   ***Conversas com Içami Tiba*** – Vol. 1.... São Paulo: Integrare, 2008 *(Pocketbook)*.

10 ***Conversas com Içami Tiba*** – Vol. 2.... São Paulo: Integrare, 2008 *(Pocketbook)*.

11 ***Conversas com Içami Tiba*** – Vol. 3.... São Paulo: Integrare, 2008 *(Pocketbook)*.

12 ***Conversas com Içami Tiba*** – Vol. 4.... São Paulo: Integrare, 2009 *(Pocketbook)*.

13 ***Família de Alta Performance:*** Conceitos contemporâneos na educação. 11ª ed. São Paulo: Integrare, 2009.

14 ***Homem cobra Mulher polvo***. (Edição atualizada, ampliada e ilustrada por Roberto Negreiros). 2ª ed. São Paulo: Integrare, 2010.

15 ***Educar para formar vencedores***. São Paulo: Integrare, 2010 *(Pocketbook)*.

16 ***Pais e Educadores de Alta Performance***. São Paulo: Integrare, 2011.

> **TEM 4 LIVROS ADOTADOS** pelo Promed do FNDE (Fundo Nacional e Escolar de Desenvolvimento), Governo do Estado de S. Paulo – Programa de Melhoria e Expansão do Ensino Médio.
>   > *Quem Ama, Educa!*
>   > *Disciplina:* Limite na Medida Certa

> *Seja Feliz, Meu Filho!*
> *Ensinar Aprendendo:* Como Superar os Desafios do Relacionamento Professor-aluno em Tempos de Globalização

> O livro *Quem Ama, Educa!* foi o livro mais vendido do ano de 2003, segundo a Revista *Veja*. Também é editado em Portugal, Itália, Espanha.

> Os livros *Quem Ama, Educa!* – Formando Cidadãos Éticos e *Adolescentes: Quem Ama, Educa!* são editados em todos os países de língua espanhola.

CONTATOS COM O AUTOR
Içami Tiba
tel. /fax (11) 3562-8590 e 3815-4460
www.tiba.com.br
icami@tiba.com.br
www.facebook.com/icamitiba

CONHEÇA AS NOSSAS MÍDIAS

www.twitter.com/integrare_edit
www.integrareeditora.com.br/blog
www.facebook.com/integrare

www.integrareeditora.com.br